私たちの
ままならない
せ

ジェラシーくるみ
Jealousy
Kurumi

主婦の友社

はじめに

人生をやっていく、ということがわからなくなってしまった。

「自分らしい生き方」巷《ちまた》にあふれ返るこの言葉に遭遇するたび、私は心の井戸に腕を突っ込んでドブをさらうように「私らしさ」とやらを探してみるが、どうも見つからない。

確立したと思い込んでいた自分の価値観が急に心もとなく思えてきて、君は一体どこから来たんだい、と尋ねたくなるような産地不明の不安を両手いっぱいに抱えながら、私は自分の中に棲《す》みつく審査員に詰問される。

こんなふうに過ごしていて将来大丈夫？　今のあなたは全力で幸せと言える？　昨日今日の連続の先にちゃんと明るい未来はある？

毎月決まった給料をもらい、近所に住む友人もいて、スマホの中には楽しみにとっておいた読みかけの漫画やドラマの最新話が入っている。私のお世話や介護を必要とする人間もおらず、自分の時間を自由に使える。

それなのに、ふっと気を抜くとあの審査員が立ち現れて、呼吸が浅くなる。出産適齢期だの、35歳転職限界説だの、老後不安だのと、無数のパズルたちがカチッとハマる座標を求め、鉄砲雨のような不穏な音を立てて降り散らかる。

どうやらこの異常気象は、周りの女友達の間でも頻発しているらしい。ライフコースの多様化や体調の変化が激しい女性は、とりわけ取り扱うパズルの量が多いのだろう。考えすぎだよ、と男友達は笑っていたけれど。

「普通」や「当たり前」の生き方、というものが崩れ去った、この潮目の時代。新卒で入った会社に勤め続けることも、生まれ育った国に住み続けることも、誰かとつがいになることも、結婚した夫婦が子どもをなして育てることも、どの道をたどっても自分の「選択」や「意思」が問われるようになった。

当たり前などない、ということが今の当たり前になり、無限にある生き方の中で多いほうと少ないほうの「多いほう」の波に乗っても幸せになれる保証などない、と証明されてしまった。

茫漠《ぼうばく》とした未来を前に途方に暮れたとき、「幸せのかたちは人それぞれ」という万人の手垢《てあか》のついたおめでたい言葉は、一瞬のよりどころにもならず、自分のアイデンティティを保つのにあまりに心もとない。

そして「人それぞれ」は、他者との間に厚い間仕切りを立て、私たちを分断する。今やよほど親密でない限り、根掘り葉掘り他人の身の上話に言及することはデリカシーに欠けた行為とみなされ、ご法度になってしまった。

「人それぞれ」というお利口さんな言葉に束ねることなく、相手の尊厳を土足で踏みつけることもなく、ほかの女性たちの個人的な話に触れることはかなわないのだろうか。そう悶々《もんもん》としながら、私はこの本の構想を始めた。

著名人の成功譚《たん》や苦労話ではなく、顔も本名も表に出ていない一般の人の、今日ここまでの道のり。

一人で暮らす人、パートナーがいる人、新しい連帯の形をつかんだ人、子を育てる人、住処《すみか》を異国に移した人、キャリアを大きく変えた人……。

彼女たちの今までの選択の過程、人生の分岐点、重い決断の裏側、しのいできた苦境や葛藤の先につかんだ心地よい身の置き所と、生きるようすが。

本書では、機縁やSNSを通じて、属性の異なる8人の女性に取材のご協力をあおぎ、彼女たちの身の上話を教えていただいた。

ぽつぽつと、とうとうと、しゃきしゃきと語られた彼女たちの半生は、私の心に吹き荒れていたパズルを鎮め、社会の同調圧力にひしゃげそうになっていた私を支える柱になり、内在化されていた自分の偏見や先入観や規範を照らすサーチライトになってくれた。

そしてその半生を受けた考察は、同じ時代を生き、同じように思い悩んでいる仲間にとって、新たな道への扉には足らなくても、小さな窓くらいにはなるかもしれない、と思った。

自分をジャッジしてくる小さな審査員を囲うあなたの心に、一瞬でも暖かい風が吹きますように、と願っている。

私たちのままならない幸せ　目次

はじめに……2

第1章 普通の人の、普通じゃ聞けない話

CASE 1 ライフイベントがすし詰めの激動の20代◆蘭さん（30歳）……10
Jealousy Kurumi's Voice 石橋を駆け抜けて渡る……30

CASE 2 流れに任せる妙味と逆算のバカバカしさ◆柚さん（48歳）……34
Jealousy Kurumi's Voice 10年後の自分が欲しがるものなんて……48

CASE 3 猛烈ワーママの裏の顔◆葵さん（33歳）……56
Jealousy Kurumi's Voice 自分の耐久性をなぞって、ぶつけて、確かめて……73

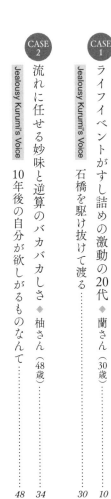

CASE 4 途上国での子育てと人生後半で出会った天職 ◆ 杏さん（49歳）……78
Jealousy Kurumi's Voice 天職かも、と波に乗ったあとで知る……99

CASE 5 幸せと呼ばれるものに私は向いていない ◆ 翠さん（38歳）……102
Jealousy Kurumi's Voice 世界はそれを幸せと呼ぶんだぜ。私はそこに身を置かないけど……125

CASE 6 不妊治療の末につかんだ「私の核」の肌触り ◆ 桜さん（46歳）……132
Jealousy Kurumi's Voice わたしの肉体の声を聴け……158

CASE 7 居場所と逃げ場所のつくり方 ◆ 藍さん（31歳）……164
Jealousy Kurumi's Voice 「いざとなれば」をこの手元に……186

CASE 8 おひとりさまのゆるい連帯 ◆ 楓さん（57歳）……191
Jealousy Kurumi's Voice 終の住処が一人なら……209

第2章

人生だいたい帳尻合わせ

令和の女は〝一周回ってビジュ〟重視？……216
「好き」の気持ち、どこかに置いてきた問題……220
そうよ私は合コン婚、隣の彼女はアプリ婚……225
【悪用厳禁】結婚について彼の本音を探る裏ワザ……231
心の風邪にも万能薬なし……236
「私は不幸」という名の泥だんご……242
入籍前の独立宣言……248
夫婦のキャリアは早い者勝ち？……252
どの婚活記事にも書いていない真実……257
「こっちの水は甘いぞ」……263

おわりに……268

第1章

普通の人の、普通じゃ聞けない話

※登場する8人の方はすべて仮名です。

CASE 1

ライフイベントがすし詰めの激動の20代

蘭さん（30歳）

蘭さんの人生年表

20歳　専門学校を卒業、アパレルに就職

22歳　結婚、第1子出産

23歳　退職、埼玉へ引っ越し

24歳　大手人材派遣会社に再就職

26歳　別居、離婚

28歳　再婚、第2子出産

29歳　マンション購入、タイ移住

21歳、妊娠発覚

初対面の人とSNSを交換して、そのプロフィール写真をもって初めて相手の家族構成を知ることがある。

結婚式や幼い子どもの写真から、相手にパートナーや子どもがいることを知り、へえ、見えないな〜と驚き、また自分の中の小さな先入観に気づかされるのだ。

私が蘭さんと出会ったとき、彼女は24歳だった。プロフィール写真は3歳くらいの女の子。私の「プロフィール写真を見てびっくり」経験の第一号だった。

にこやかで、はつらつとした印象を与える蘭さん。

「楽観的」と自分のことを話すが、その20代は浮き沈みが激しかった。専門学校を卒業し、そのまま地元（東海地方）の百貨店内のアパレルに就職。それからわずか1年半後に、交際相手の子どもを妊娠していることに気づいたという。

出産の決意に至るまで、産むことへの迷いや不安はなかったのだろうか。

「私が楽観的な性格のこともあり、迷いはしなかったですね。一番身近な例になるうちの両親が20代半ばで結婚していて、私も20代のうちに結婚するのかな〜とぼんやり思っていました。正直、私は『小さかろう、かわいかろう』みたいな子ども好きの人間じゃないんですけど。すでに出産した地元の友人たちは、大変そうだけどまあ幸せそうだし、私もいつかは子どもを産むだろうなとぼんやり思っていたくらいです。妊娠が発覚するまで、『好きな人の子どもが産めるなんて幸せなことじゃん』くらいに考えていましたね。むしろ家庭を築くという新しいことへの挑戦にワクワクしていました」

地元を出て夫の実家に

初めての育児に奮闘しながらも幸せな日々を過ごしていた矢先、蘭さんの夫が急に埼玉の実家に帰りたいと言い出した。子どもが1歳を迎えた頃だった。義理の親との同居なんてとんでもない、と断ったのかと思いきや、地元に飽き飽きしていた蘭さんはその急な申し出を承諾したという。

だが、一つ大きな懸念点があった。

今の家から埼玉に通いつつ転職活動をするのは大変だという理由で、夫は転職先を決めないまま、一家で埼玉に引っ越すことになったのだ。

「転職先を探してから引っ越そうと説得したのですが、元夫はいっこうに聞いてくれませんでした。しばらくは俺の実家に住まわせてもらうから生活は大丈夫だよ、と言い張っていました。親の世話になればいいじゃん、という親に頼る意識が嫌でしたね」

引っ越しや転職の言い合いを経て、徐々に夫婦の仲はほころび始めた。

引っ越し後2カ月ほどで無事に夫の就職先は見つかったが、災難は続いた。ささいなことで夫と夫の父が殴り合いのケンカをし、決裂してしまったのだ。そのケンカが原因となって実家を追われることになり、蘭さん一家は県内のアパートに引っ越しをすることになった。

「実は元夫は転職して年収が下がっていて。大して貯金もないまま実家を出ることになったので、家計的な不安がすごく大きかったです。地元を出て埼玉まで来て、何やってるんだろうって思いました」

家計に不安を感じ、お尻に火がついた蘭さんは就職活動に本腰を入れた。唯一決めていた条件は、正社員。彼女は家族の生活を守るために必死で就活を続け、見事に第二新卒で大手人材派遣会社への就職が決まった。だが、夫には正社員として働くことを猛反対されたという。

「当時、その会社は学歴不問で、専門卒の私でもSPIと面接にパスすれば受かったのでラッキーでした。でも元夫には『母親なんだからスーパーのレジでいいじゃん』って言われてしまいました。自分の母がパートで働いていたからでしょうね。子どもが熱出したときどうするの？ 保育園に迎えに行けないじゃん、と言われて……。ああ、私が仕事を再開しても、お迎えは私がやるのが前提なのねと思いました。彼の仕事がよっぽど忙しく、稼いでいるなら別ですが、今の状況をつくった張本人なのに何言ってるんだろうってあきれちゃいましたね。強引に『正社員って決めたからよろしくね』と通しましたが」

やむをえず再就職した先で知った仕事の面白さ

夫の反対を押し切り正社員として働くことになった蘭さんは、夫と同程度の年収を得ることができた。すると経済的な不安が和らいでいくと同時に、仕事の面白みを感じるようになったという。

「ずっと地元で育ち、そのまま実家から通えるアパレルに就職した私からすると、再就職した会社には、前の職場では出会えないような経歴も年齢もバラバラのいろいろな人たちがいて、とても刺激的でした。一人ひとり違うモチベーションを持ちながら仕事を頑張っているんですよ。そういう人たちと高め合っていけることがうれしくて、職場がどんどん好きになっていきました。でもその代わりに、定時に上がって、地元の会社で平和に働きたいタイプの元夫の魅力がどんどんかすんでいきました」

保育園の送り迎え担当は基本的に蘭さん。週に1～2日、蘭さんが残業する日だけは夫が迎えに行ったという。

正規雇用での転職すら反対された蘭さんだが、仕事にのめり込んで残業が増えるにつれて、家の空気はどう変わったのだろうか。

「元夫は残業も飲み会も嫌いなタイプだったので、いつも家にいましたね。口を開くとお小言を言ってばかり。『また残業か、もう慣れたけど』とか。仕事にやりがいを感じる一方、どんどん家庭はギスギスするようになって会話はなくなりました。仕事を頑張れば頑張るほど家に帰りたくなくなって、家にいる時間が減るほど仕事は楽しくなって。再就職して半年ほどたってから、このまま一緒に住むのが子どものためになるんだろうか、という議論が夫婦の間で出るようになりましたね」

憶測にすぎないが、夫のストレスの根幹は、育児負担の増加というよりも、〝母親〟である蘭さんが家庭の外で輝くようになったことへのもやもやと、その変化を受け入れられない自分の心の中の葛藤にあるように思える。

蘭さんはもともとアパレルで働いていたこともあり、「自分のモチベーションが上がるおしゃれをするのが好き」らしい。ある日、ノースリーブにフレアスカートを合わせて子どもを保育園に送る蘭さんを見て、夫は「なんか母親っぽくないね」とひと言。彼女も結婚当初は気づかなかったが、夫は「女性は子どもを産んだら家庭に入り、母親然として振る舞うもの」という考えを持った人だった。

再就職して1年ほどで成果を買われた蘭さんは、部署異動後、さらに仕事に打ち込むようになり、稼ぎは夫の収入を上回っていた。実際に離婚に踏み切ることになったきっかけは何だったのだろうか。

「離婚というワードは元夫の口から出ていましたが、離婚したいモードと離婚したくないモードが日によって切り替わる感じでした。実際に別居を始めたのは私からです。そのきっかけは、彼が子どもに手をあげたこと。子どもが言うことを聞かなくてイラッとしたのか、子どもの頭をリモコンで叩いたんですよ」

あ、もうだめだ、と限界を感じたという。彼女は、わが子の安全に強い危機感を抱き、すぐに行動に移した。別居に関して親や友人に相談はしなかったようだが、どれほど心細かったことだろう。幸いにも大企業の正社員というステータスのおかげで、家の契約もスムーズだったという。

「元夫の言うことを聞かずに、正社員で働いて本当によかったと思った。あのときの自分の決断をほめてあげたいです」

在宅勤務が猛スピードで深めた結びつき

子どもの発熱対応や一馬力での家計に懸念はあったものの「どれも離婚をためらう理由にはならなかった」と、彼女は断言する。

実は蘭さんが娘を連れて家を出たとき、解放感でいっぱいだったという。それほどまでに、元夫との時間は苦痛でしかなかったのだ。

彼女にとって家という場所は、帰ってすぐに顔を見たい人と一番会いたくない人とが共存している空間だった。

「離婚が成立して落ち着いたら、いつかもう一度恋愛したいな、という気持ちはありました。相手が子どものことを受け入れてくれるだろうか、という不安ももちろんありましたが」

子どもと二人で住むようになった数カ月後、緊急事態宣言が発令された。嫌味を言う夫の監視下から外れ、ようやく自由な気分になったものの、コロナ禍で外出禁止に。

そんな中、蘭さんは友人の誕生日会で出会った一人の友人・新さんと急速に仲を縮めた。新さんとは、別居の少し前から、数人で一緒にご飯を食べるくらいの仲だったという。誰もが孤独感や閉塞感《へいそくかん》を抱いていたあの期間、彼女は新さんとの電話の時間に救われていた。そして思いきって蘭さんのほうから、お互いリモートワークだし自分の家で一緒に仕事をしないか、と提案したという。

子ども好きの新さんは、蘭さんの打ち合わせ中に子どもの相手をしてくれたり二人のご飯を作ってくれたりしていたが、当時の蘭さんは、まだ書面上では婚姻状態にあった。

新さんとおうちデートを重ね、お互いの気持ちを確認したうえで、彼女は離婚に踏み切ることになった。別居中に別の人とズルズルと男女の仲に……というパターンはよく聞く話だが、そこは新さんの責任感が強かった。離婚についての話し合いが始まってからは、正式に離婚が成立するまで会わない、ときっぱり断言したという。それは、万が一にも夫と復縁することになった場合、この子が自分に懐いていたら傷ついてしまう、と子どものことを第一に考えた結論だった。

蘭さんは夫と1カ月ほど話し合ったうえで、彼の「離婚したいモード」のときに離婚届に判を押してもらった。その後、子どもと夫は一度だけ会ったが、夫から子どもへの面会要求も養育費もなく、今は交流がない状態だ。

晴れて離婚が成立し、ようやく新さんと付き合い始めた蘭さんだが、当初は再婚を強く意識していたわけではなかった。

「離婚直後は、さらに仕事を頑張って自分と子どもの生活を確立していこうという段階だったので、再婚なんて考える余裕はなかったです。バツイチ・子ありということで、自分の恋愛と再婚は別物として考えていました。また誰かと家族になる、という想像はすぐにできなくて」

だが、新さんは交際当初から、結婚を頭の片隅に置きながら付き合う覚悟を決めていたという。二人だけの問題ではなく、蘭さんの子どもの人生に影響すること だからだ。

交際1周年記念日に、蘭さんはプロポーズをされた。もうその頃には新さんが週の半分ほど蘭さんの家に通い、お互いの親にも紹介し合っていたという。

「それまで結婚の話題が出たことは一度もありませんでした。彼との結婚生活を妄想したことはありましたが、まさかこんなに早くプロポーズしてもらえるとは思ってもみなかった……。だからプロポーズされたときは本当にうれしかったけれど、びっくりした気持ちのほうが勝っていました。プロポーズの途中で、勢い余って『よろしくお願いします！』と言ってしまって、『もうちょっと待ってもらっていい？』と苦笑されました」

結婚と離婚を経験した蘭さんが、もう一度誰かと家庭を築いてもいいと思えた決め手は何だったのだろうか。

「前の結婚のときは、22歳と若かったこともあり、とにかく想像力がなかったんです。彼の育ってきた環境や彼の抱く〝母親像〟を深く考えずに結婚して、子どもを育てることを決めました。でも今の夫とは、最初から子どもがいる環境で出会ったため、想像がしやすかった。付き合った当初から子どもとよく遊んでくれていたし、『俺が○○ちゃんと遊んでるから、今日は友達と遊んできたら?』と言ってくれることも多かったんです。また、とにかくイライラせず、せかせかせず、どっしり構えて、ミスをしても落ち着いてリカバリーしにいく彼の性格を見て、この人となら一緒に幸せになれるだろうなと確信に近い何かを感じました」

結婚が決まり、入籍を前にして蘭さんは、第2子を妊娠したい、と思った。

「大好きなこの人の子どもを産みたいし、一緒に育ててみたい。大変なこともあるけど絶対人生豊かになる、と思いました」

第1子の育児で苦労をした蘭さんだが、一体何が彼女を強く確信させたのか。

蘭さんは30秒ほど口ごもったあと、口を開いた。

「何だろう、『本能』ってひと言で片づけてしまったら、取材としてダメですよね(笑)。長女はかけがえのない存在で……。そりゃあ育児は大変だけど、長女みたいな存在がまた増えるかもしれない、〝また会いたい〟って思ったんです。

ちなみに元夫との第2子が欲しいとは一切思わなかったですね」

なんと入籍直後に妊娠がわかり、結婚式で妊娠を発表したという。

「妊活をして3カ月で授かった結果になりました。再婚という世間体だし、周りの目があるので、結婚する前に妊娠するのは避けようね、ちゃんとしようね、とは夫と話していました。結婚するならみんなに祝福してほしいから」


スピード再婚に対して「遊び人」「子どもがかわいそう」と余計なお世話オブザイヤーな陰口を言ってくる人も職場にはいたというが、ほとんどの人は幸せな再出発を寿《ことほ》いでくれたようだ。

育児を楽しめる人と、そうでない人との違い

実際、今のパートナーとの生活はどうなのか尋ねてみた。

「もう最高です。私の場合、どうしても元夫と比べてしまうんですけど、今の夫

は全部が自分ごとで『手伝う』という意識がない。あと彼は子どものことも愛しているけど、私のことはそれ以上大事にしてくれていて。SMAPの曲みたいな。例えば、子どもと公園に行って、子どもが軽いケガをしてしまったとき、元夫は『何やってんの？』が第一声でした。今の夫は子どもの応急処置をしながら『大丈夫？　怖かったね』と私を落ち着かせたあとに、今後こういうケガを防ぐために何ができるか、一緒に対策を考えてくれました」

〝らいおんハート〟の持ち主に出会えた蘭さんは、何のてらいもなく、新さんとの結婚生活や育児生活が最高だと断言した。

新さんにとっては初めての育児だが、育児を自発的にするパートナーになるかどうかの見極めポイントはどこにあるのだろうか。

「何も考えていなかった初めての育児の反省を経て、出産や育児ってこういうことなんだよって時間をかけて今の夫にレクチャーしました。命の危険とか痛みとか、新生児のお世話の大変さとか。体験談を語ったり、YouTubeを見たり。旦那さんに抵抗がなければ出産動画を一緒に見るといいと思います。この世の終わりみたいに絶叫している人の動画。これがリアルだから。こんなに体はダメージ受けるんだよっていう。あと『子どものお世話』を具体化することですね。具体化して一緒に勉強してみると、今の夫は『俺ができることって何だろう』と考え始めて、『おっぱいをあげる以外は全部男の俺でもできるじゃん』と気づいてくれました。そこに世の男性は気づくべきです」

ただ、元夫の育児スキルがゼロだったわけではない。夜中に赤ちゃんが泣いて寝てくれないときには、ため息をついて起きてきて「できないなら俺がやるから」と言って、寝かしつけを代わるような人だったという。

「スキルはあるけど『やってあげてる』感がすごかった。母としての尊厳を踏みにじってくる」と少し声のトーンを落として蘭さんは過去を振り返る。

「第1子の育児で大変だったのは、寝られなかったこと。娘を寝かせることに全力を尽くして、気づいたら朝になっていて。私、今日も寝られなかった、と涙が出てくるんです。寝不足感は半年くらい続きましたね。鏡に映る自分の姿が見たことのないくらいボロボロだったときもつらかったです。それで給料もなければ、ねぎらいの言葉もない。なんだこの苦行って思ってました」

SNSやメディアでは、呪詛《じゅそ》のように育児のつらさや、自分時間の確保のままならなさについて語っている人が多い。私もそれを見て、どんどん育児の悪い面の解像度だけが上がってしまい、十数年近く続くであろう子育てというものにあまりいいイメージを持っていない人間の一人だ。

「確かに、SNSに一生文句を書いている人もいますね。でもそれって、今日も子どもが寝なかった、ご飯散らかしたってことじゃなくて、『それを話せる人が今日もいなかった』ことへの文句なんじゃないかと思うんです。あ~今日しんどかったな、と思う日はありますよ。でもその日の終わりに、本当に頑張ってるね、毎日お疲れさまってねぎらってくれる人が隣にいれば別なんじゃないかな」

構えていなかったところに、鋭いパンチをくらった気分だった。

本当につらいのは疲労と睡眠不足ではなく、パートナーの無理解。

大切なのは、お世話のタスクとストレスを共有できる〝誰か〟の存在。

家計も幸せもよそはよそ、うちはうち

蘭さんは、まだ夫と二人で旅行に行ったことがないという。二人きりでの旅行は、子どもが自立したあとの、未来の楽しみにとってあるそう。

「子どもが中高生になったら二人で何泊かはできるはずだから、10年後くらいかな。そのときは40代前半。まだまだ若くない？って思います」

彼女は現在、夫の駐在に帯同し、タイに住んでいる。せっかく入った会社でのキャリアが中断することについてはどう考えているのだろうか。

「2～4年はキャリアがぶつ切れになってしまいますね。でも、しゃーないと思うかな。夫と付き合ったときから、彼は世界で頑張りたいと言っていたので。その彼をカッコいい、応援したいと思っていました。いざ辞めますってなったときはさすがに会社に未練も感じたけれど、前々から覚悟していたことなので」

蘭さんは、帰国後、できれば以前の会社（人材派遣会社）に復職したいと考えている。数年後でも戻れるコネクションはつくっておいたつもりで、もし復帰で

きない場合は、何か新しい仕事を探すのも悪くない、と。

第3子については、夫と話し合い中だという。今の子ども二人にかけられるお金が減り、何かを諦めてもらうかもしれないからだ。

「もし一人増えたら夫が転職するか、私が定年近くまで正社員で働く覚悟を決めないといけない。計画もなしに子どもの数だけ増えちゃいけないので」

子ども一人あたりにどれほどのお金を用意してあげたいと思うか、どこまでを親の責務と考えるかは、当人の育った環境によって大きく異なる。子育て観を夫婦ですり合わせながら家計の見通しを立てるのは、かなりのカロリーを要するだろう。

ただ、と蘭さんは強く言い切る。

「子育てにかかるお金はキリがないので、『親としてここまではやるから、あとは自分でね』ってラインを決めればいいと思うんです。留学や医大とか、そういうオプションが出てきたら、子どもが自分で奨学金をもらって頑張る道もある。私自身、専門学校の2年間の学費は自分で借りて、貯まったときに返しました。

ああ、私頑張ったじゃんって思えましたね」

よそはよそ、うちはうち、と優しく言われた気がした。

蘭さんは、冷静に自分の置かれた環境と、成し遂げた努力を振り返りながら、「裕福な家の子を見ても、今は全然うらやましくない」と語った。親から多大な援助を受ける友人たちのことを、指をくわえながら見ている私とは、天と地の差がある。

「夫と再婚できた私が一番幸せだな〜って思います（笑）」

特大の惚気《のろけ》をくらった。

「実は、海外赴任が決まる前に家を購入しました。35年ローンを考えると、夫が34歳の今がいいのでは、と決断したんです。自分たちでお金を貯めて苦労して買ったから、すごく家が愛《いと》おしいし、これからも頑張ろうって思えるんです」

今までの努力と苦労を誇り、今の生活を自分たちで築き上げた自負があるからこそ、彼女は4人での暮らしのかけがえのなさを知っているのだろう。

Jealousy kurumi's Voice

石橋を駆け抜けて渡る

3時間にも及ぶ取材の中で、一つだけ蘭さんが撤回した発言がある。「まあ普通に結婚して幸せな人もいるよね」と口にしたあとで、「ごめん、普通って言っちゃった、撤回する。私の人生自体、普通じゃないのにね」と。

確かに、20歳そこそこで子どもを産み育てるというのは〝普通〟とは形容しがたい。相当タフな経験だろう。出産を機に仕事を辞め、元夫の都合で知り合いのいない関東に移り住んだという彼女の身の上話を聞いたとき、外野の私は憤りながら「ほら、やっぱり産むときも育てるときも痛いのは女なのだ」と心で毒づき、くさくさした気持ちになった。

だが、そのあとに続いた彼女の語りは、私の中に渦巻いていた独善的な「普通」をあらわにした。彼女は指摘した。育児の苦悩の根源は、世話そのものではなく、世話のタスクやストレスを共有できる相手の不在にある、と。つまり、孤軍奮闘の育児を想像して勝手に絶望していた私は、共闘できるはずのパートナーの存在をはなから過小評価していたということだ。「どうせきれいごとを言っても育児負担は女に偏るもの」と、私自身がカビの生えた因習的な価値観にとらわれていたのだった。

確かに、夫と二人三脚で子育てをしている友人の口からは、職場復帰の不安は聞くものの、育児それ自体の愚痴はあまり聞かない。ＳＮＳにあふれる呪詛も「今日も子どもがどうだった」と「なのに旦那はこうだった」が特盛りセットになっている。

育児に限らないが、各メディアから得たネガティブな二次情報に振り回されて先のことを悲観するのは、現代に生きる私たちの病なのかもしれない。愚かな期待をつぶそうと、わざわざ先回りして悪い情報を集め、自ら不安を迎えに行っている気さえする。

私はどうしてもポジティブに生きられない人間だ。石橋を叩いて渡る前に、橋を叩き割ってしまい、チャンスを逃したことが何度もある。「もし折れても捻挫《ねんざ》程度ですむ橋にしよう」「疲れたら途中で引き返せる短い橋にしよう」と否定的な想像を重ね、だんだん橋の査定にも飽きてきて、最終的には消去法で選んだ橋を渡ることが多い。

一方、守る者や急ぐ理由を持つ人は、橋を選ぶのも渡るのも早い。蘭さんが明確に持っていた唯一の基準は、「子どもと私が安全に暮らせる場所」だった。そのためにはどんなに橋が長くても、橋の先が不明瞭でも、彼女は子どもの手を引いて渡れる広い石橋を選ぶ。万が一の場合には自分が子どもを背負ってでも橋を走って渡り切るか、着衣水泳で岸まで泳ぎ着けるよう一日も欠かさず鍛えている。そして、そうやって前進することが、ごく自然な振る舞いとして定着しているような気がする。

夫に反対されようとも、正社員で再就職する。経済的不安に苛《さいな》まれようとも、どんなに心細くても、一人で子どもの手を引いて家を出ていく。

子どもの安全が脅かされたときには「とにかくこの子と橋の向こう側に行かねば」と強い使命感に駆り立てられ、シングルマザーの橋を渡った。

もし彼女の人生の第一義が「両親と子どもが揃って暮らす家庭」であれば、夫の意見に押し流されて正社員復帰を諦めたり、夫の一度の暴力に目をつぶったりすることも十分ありえたのだ。少しずつ募る夫への恨みに蓋をして。


常々思うことがある。

人のせいにしない、と腹をくくった人の前にしか現れない橋がある。人のせいであっても、だ。誰かのせいにして「どうして私が」と自分を哀れむのは簡単だ。逆にすべてを自分のせいにして自責と自己嫌悪の沼に心を浸すのも、時間をやり過ごす一手ではある。でもそれは、事態に何も作用しない。

自分が引き受けてきた苦労や奪われたものを認めたうえで、ぼやけた未知の不安に立ち向かうべく拳《こぶし》を固め、立ち上がったその瞬間に見える景色があるはずだ。

ファイティングポーズをとるのが速い蘭さんの勇姿に、「大丈夫だから」と腕を力強く引かれた気がした。

CASE 2

流れに任せる妙味と逆算のバカバカしさ

柚さん（48歳）

柚さんの人生年表

22歳　食品メーカーに就職

26歳　結婚。広報部に異動

30歳　別居

31歳　離婚

33歳　出版社に転職

36歳　再婚

45歳　推し活に目覚める

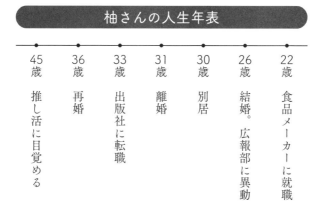

温かい家庭をこの手でつくりたかった

出版社に勤める先輩を通して、はじけるような笑顔が印象的な柚さんに取材をお願いした。90年代後半、バブル崩壊後に訪れた就職氷河期の厳しい時代の中、第1志望だった食品メーカーに就職が決まった柚さん。当時、女性の社会進出は進んでいたものの、結婚を機に退職を選ぶ女性も多かった。

「就職活動中に総合職か一般職かを選びます。転勤も視野に入れてバリバリ働くのが総合職、内勤や男性のサポート役が一般職。一般職を選ぶ同級生も一定数いましたね。私も高校生の頃は、早く結婚して子どもを産みたいと思っていました。バイト先のカフェの常連さんにイキイキと働く広報のお姉さんがいたのですが、そこで初めて『働く女性』のイメージに出会った感じですね」

柚さんが専業主婦に憧れを抱いていた背景には、幼い頃に母親と死別した経験がある。料理上手で家事をテキパキとこなしていた母親がいなくなると、家の中は荒れがちに。

「両親が揃った友達の家と比べてしまうことがありました。だから、温かい家庭を早くつくりたいと思ったんでしょうね」

大学時代のアルバイト先で知り合った同い年の彼と、当時のいわゆる〝適齢期〟である26歳で結婚。ほぼ同時期に、念願の広報部への異動が決まり、仕事もプライベートも順風満帆。

「仕事はとても楽しかったですよ。なぜ私は早く結婚したいと思っていたんだろう、というくらい（笑）。私たちが学生の頃は、『結婚したら家庭に入り、子育てをする』という生き方が女性の幸せだという風潮がまだ世の中的にありました。そう思い込まされていたのかもしれませんね」

情報発信やアピールの仕方次第で、自社製品の売れ行きが変わることに面白さを感じた柚さんは、さらに仕事にのめり込んでいった。

「世界がぐんと広がりました。人とのつながりも増えていきましたし、仕事への評価がきちんとお給料に反映されましたし、すべてがいい相乗効果となって仕事の大変さより楽しさのほうが上回っていました」

だが充実した日々を送る柚さんとは対照的に、彼女のパートナーは小説家になる夢がかなわず、くすぶっていたという。仕事をしながら文芸誌の新人賞に応募していたものの、いい結果には結びつかず、将来がなかなか見えなかった。

「それなのに、私もつい仕事の愚痴を言ってしまって。『そうだよな』とか共感してほしいだけなのに、『お前が悪いんだろう』と突き放されてしまうこともあって、家の中の空気がだんだん悪くなっていきました」

30歳を前に、そろそろ子どものことを考えたいと切り出すと、「バリバリ仕事をしているのに、仕事がうまくいかないと今度は子どもに逃げるの?」と言われたそう。「楽天的で深く悩まない性格」だと自身を認識している柚さんも、さすがにこの言葉はこたえた。

「お互い精神的に幼かったんでしょう。子どものことも含め、将来どうしたいかをきちんと話さないまま、好きという気持ちだけで結婚してしまった。原因は一つではなくて、少しずつひずみが生じ、気づけば修復できない状態になっていました。仲直りをして元に戻れる人もいるでしょうけど、私たちは無理でした」

1年の別居を経て離婚。31歳のときだった。柚さんは広報の仕事に誇りを持っており、今後も働き続けたい意向はあったものの、離婚に伴うあれこれで疲弊し、

「休みたい」と食品メーカーを退職。

一歩踏み出すと縁に引っぱられる

「休みたいと思ったのに、夢中になれることが仕事以外になくて、毎日が無意味に過ぎていくことに焦りを感じ始め、2カ月後には職探しをしていました」

なにがなんでもキャリアアップしたいという欲はなく、まだ33歳だしなんとかなるだろうと考えていた柚さんだが、そううまくはいかなかった。

「自分一人が食べていけるだけのお給料がいただければそれでいいと思っていましたが、実際にはより好みしていて、最初はなかなか決まりませんでした。営業と広報という今までのキャリアを生かしながら、メーカーにこだわらず幅を広げて探そうと思ったとき、タイミングよく転職エージェント会社から出版社を紹介されました。物を作って売る、という点では同じだと思い、面接を受けたところスムーズに決まりました」

柚さんは異動や転職を経て20年近く、広報畑の仕事を続けている。最初から一生この職種でやっていく気概を抱いていたというよりは、キャリアの接続や自分自身の強みを生かすことを考えていたら今のキャリアに行き着いた、という。

うじうじと考え込んでしまう時期もあったものの、「もうダメかも」と思ったときほど一歩踏み出すことで転機が訪れた、と柚さんは語る。

「人生には悩むことが必要な時期もあると思います。離婚のときもそうでしたが、悩んでいる自分が嫌だなと思ったら、そこから抜け出すしかないんですよね。えいやっと踏み出して、いろいろな縁に引っぱられて動いてみると、結果的に自分が生きやすい方向に歩み出している気がします」

こう話してみると、私って何も考えていないみたいですね、と屈託なく笑った。

柚さんは今、15歳年上のパートナーと暮らしている。転職が決まり、仕事に慣れた頃に同棲を始めて3年後に入籍した。

「彼とは、食品メーカー時代に仕事で知り合いました。共通の友人がいたので年に1~2回、みんなでご飯に行ったりする仲ではありましたが、私も結婚していましたし、15歳も離れているので恋愛感情はなかったですね。離婚したあとに会う回数が増え、彼の人となりを知ってから、『一緒に困難を乗り越えていけそうな人』と思うようになりました。彼はサバイバル能力が高いんです」

パートナーにも離婚歴があり、お互い籍を入れることにこだわりはなかった。事実婚でも問題はなかったが、彼の両親が体調を崩したことをきっかけに、〝妻〟という社会的立場が必要になる場面があるかもしれないから、と柚さんのほうから入籍を提案した。

「10年以上前なので、今ほど事実婚が社会的に認められている感じではなかったし、私の中の真面目スイッチが入って、ちゃんとしたほうがいいと思ったんです。いつか結婚したいとは思っていたし、彼も再婚への抵抗はなさそうだったので、だったらしようよって。入籍によって関係性が変わることはないけれど、私の気持ちの問題と、社会的立場の面では入籍してよかったと思っています」

心を沸かせる「推し」の存在

素朴な疑問だが、15歳も離れている相手とはどんな関係なのだろう。

「出会った頃は30歳と45歳だったので、彼は私の知らないことをたくさん知っていて、とても大人だと感じました。でも、今私は48歳だからもう年の差は感じないですよ。彼は60歳を超えているので周りからは年の差カップルとして見えるでしょうけど、本人たちは年齢を意識していないですね。お互い一人の時間を楽しんで、たまに一緒に出かける、いい距離感でいます。私も最近は新しい趣味ができましたし」

20代、30代と仕事に夢中になって駆け抜けた柚さんだが、40代後半にさしかかり、プライベートの時間もしっかり確保して楽しもうと思い始めた。さらにコロナ禍で時間ができ、今は推し活にハマっているという。柚さんはひまわりのような顔いっぱいの笑顔で推し活の魅力を語ってくれた。

「出世欲もそれほどなく、仕事もいい意味で慣れてしまい、この年になると仕事で心が沸くことが少なくなっていくんですよ。それを埋めてくれたのが、推し活。ドラマがきっかけで中村倫也さんにハマり、写真集を買ったり舞台を見に行ったりしています。遅ればせながらK-POPにも興味がわいて、コンサートに行くようになりました。新しい世界を知る面白さもあるし、誰かを応援する楽しさを初めて知って、今めちゃくちゃ心がときめいています」

仕事を25年も続けていると、たいていのことには動じずに対処できてしまうだろう。そんな中、知的好奇心を甘く刺激してくれる推しの存在は新しい世界への扉になる。

つややかな肌の柚さんだが、体力が落ち、体のあちこちに「ガタがきている」ので、週1回のトレーニングも欠かさないという。

「きっかけはダイエットでしたが、トレーナーさんがほめてくれるのがうれしくて、『私でもできるんだ』と自己肯定感が上がるので続けられます。それに、50歳が目の前に見えてきて、老化スピードの加速を実感するので、なんとかせねば、と。朝起きると腰や背中がキシキシ痛むんですよ。油をささないと動かない感じ。現状をキープするために、最低限のことはしておきたい。着たい服が入らないと切ないし、それが小さなストレスとなって蓄積されていく。体形維持と、精神安定のためにもトレーニングは続けていきたいです」

面倒だな、つらいなと思うときは、推しているK-POPグループのメンバーもスタイルを維持するために頑張っているのだから、と自身を鼓舞しているそう。

推しの存在は心のうるおいとなり、健康や美容を支える柱にもなるのだ。

柚さんは30歳目前で子どものことを考えたというが、今のパートナーと再婚するにあたり、子どものことは話し合ったのだろうか。

「さっきは年齢差を感じないと言いましたけど、子どもに関しては年齢差がありすぎて、私には子どもを持つ選択肢はなかったですね。だって、入籍したとき彼はすでに50歳を超えていましたから、そこから最短で子どもができたとしても、成人するときに70歳超え。私も若くはないので、お互い病院で検査をして、妊活をするとなると今までの生活を変えないといけなくなる。今や高齢出産は珍しくないですが、私はそこまでして自分の子が欲しいと強く思えなかったんです。夫は、子どもがいてもいいのではと思っているようでしたが」

妊活をして子どもをつくることよりも、夫との二人の生活を選んだ。しかしその頃、柚さんの周りでは出産ラッシュ。

「仕事をバリバリやってきた友人が多いので、30代後半で第1子を出産する人も結構いましたね。なかには、最近まで不妊治療をしていて、諦めることにしたと話してくれた友人もいます。40代半ばでも子どもを持ちたいというのは、相当な覚悟があるんだなと思います。私は結局そこまで熱望していたわけではなかったんですね。アラサーの頃は、みんな健康ですし、子どもはいつかできるだろうと考えていたので『子ども、どうする？』と軽く話せていたけれど、そういう話はしだいにしなくなりました。察するというか、空気で感じるというか」

30歳前後は出産ラッシュであり、「出産の話題」ラッシュでもあるということだ。ライフコースが分岐していく中で、違う道を歩む友人とは一時的に疎遠になることもある。柚さんは友人関係について、さらりと答えた。

「子どものことだけでなく、40歳を過ぎればいろいろありますから、出会った頃と同じ関係ではいられないもの。みんな何かしら抱えているので、連絡が途切れてもそれは仕方がないことだと思います。また会いたいと思えば連絡してくれるだろうし、こちらも連絡するはずだから、流れに身を任せるのがいいのかも。案外、大人になってからも友達はできますしね。学生時代からの友人もいますが、仕事で知り合った人たちとも長く続いています。最近は推し活で知り合った20代の子もいますよ。立場も年齢も関係なく話ができるので、すごく新鮮です」

人生には「一回休み」があっていい

結婚、離婚、転職と人生において重要な決断をいくつも下してきた柚さん。選択を迫られたときの心構えや、大切にしていることはあるのだろうか。

「深く悩んだり落ち込んだりする性分ではないし、できるだけ波風立てずにラクに楽しく生きたいと思うタイプなんです。この人と気が合わないと思ったら、次から会わないようにするし。今は部長という肩書がついていますが、自分の意向で昇進したというより、その地位に引っぱり上げてもらった感覚があるんです。そのときどきで自分なりに真剣に考えて決断はしているのだけれど、強い信念があるというよりは、縁やタイミングに導かれて今がある気がします」

彼女の言わんとすることは、なんとなくわかる。人生の道は、無数の変数が掛け合わさって分岐している。思いどおりの人生を歩めるとは思っていない私だが、ふと考えてしまうときがある。果たして今後の人生において、自分の実力や意向というものが作用しうる割合はどれくらいなんだろう、と。

一拍おいて、柚さんはつけ加える。

「ただ、どうしようもなく悩んでいるなら、何か一歩踏み出すことかな。自分一人で無理なら、周りに頼ることも大切。私が離婚するときは父や友人が味方になってくれましたし、転職のときも先輩（元バイト先のカフェの常連）からアドバイスをもらって、それで道が開けました。人生、思いどおりにいかないことはたくさんあって、何をしても無理という時期もあるんです。そういうときは『今は悩む時期なのかも』とそれを一回受け入れてみるのも一つの手ではありますよね。渦中にいるときはごちゃごちゃしていて、全然前に進んでいないと思うけど、振り返ると、あれ？ いつの間にか終わっていた、と思うものです。時間が解決してくれる部分も大きいから、身を任せてみるのも大事ではないでしょうか」

行動してみてもダメなら、「今は悩む時期」と現状をいったん受け入れて静観する。胸にストンと収まるような、真実味のある考えだ。長い人生なのだから、「一回休み」のターンがあってしかるべきだ。

身を任せると言いつつも、柚さんは50歳が近づくにつれ、その先をどう生きるのかをぼんやりと考えている。

「仕事は続けていくと思うけれど、果たして今の仕事でいいのかというのは考えますよ。人生100年時代と言われているので、定年を迎えてもその先の人生はそれなりに長い。そうすると50歳からだって新しいことにチャレンジできるかも、と思うんです。まったく別の仕事でなくても、何かできるはず。趣味を極めるのでもいいし。現状のままで60歳を迎えるのはなんとなく嫌ですが、具体的な人生プランは決めていませんし、決められない性格なんです（笑）」

何が起きても、自分が選択してきたものの結果だから、としなやかに明るく受け入れてきた柚さん。

「楽しく生きるためにどうしたらいいのか、とは常に考えてきました。でも、社会情勢や経済、気候変動とかいろいろありすぎて、生きにくい世の中じゃないですか。だから、さっきの話とは矛盾するかもしれませんが、そこまで長生きはしなくてもいいかな～って思っています。楽しいまま終えられたらいいな」

Jealousy kurumi's Voice

10年後の自分が欲しがるものなんて

「ちゃっかりしている」と親から言われる子どもだった。抜け目がない、子どもらしくない子どもという意味で、彼らは使っていたのだろう。

大人になった今でも思い出されるのは、小学校低学年の頃の学童のクリスマス会だ。会の最後にビンゴ大会が催された。ずらっと並べられた景品を前に、呼ばれた数字を力いっぱい押して一列のビンゴを目指す。

ところが私はビンゴに至ることなく、親の迎えの車で会をあとにした。お店の予約があったのか、親の用事があったのか、とにかく何らかの大人の都合で、中座する羽目になったのだ。虫食い状にあいた紙を見つめながら会場をあとにし、車に乗り込んで走り出したのち、母親がぽろっと口にした。

「最後までいればよかったわね、キティちゃんの大きな時計とかあったのに」

私を連れ出した本人が何を言うのだ、と幼いながらに憤慨しつつ、私の頭の中で〝キティちゃんの大きな時計〟のイメージが膨らんで膨らんで仕方なかった。

それは一体どれくらいの大きさだろうか。私の座っている位置からは見えなかったが、本当に景品の中にあったのか。それは丸い形か、もしくはキティちゃんの顔の形か、全身なのか。

ひと目見ることもかなわなかった幻の「キティちゃんの大きな時計」は心の中でもわもわと大きくなり、親の邪魔が入らなければ私はキティちゃんの大きな時計を持って帰る運命だったのだ、とすら思った。車の中で半べそをかきながら悔しがった。

そして数カ月後、私は持ち前の執念深さで「キティちゃんの大きな時計」を買ってもらった。

キティちゃんのおなかに時計の文字盤が埋め込まれており、けたたましいラッパの音とともに「早く起きないと遅れちゃう！」とキティちゃんの声が鳴り響く目覚まし時計だ。それから何百何千の朝にわたって、無慈悲なキティの大声に起こされることとなった。

このように、私は「惜しいことをした」という念が非常に強い子どもだった。そしてそれは、今も変わらない。私は生粋の「惜しがり屋」なのだ。

惜しがり屋の子どもが大人になると、悔しい思いを避けたいあまり、先回りして準備しようとする。人生で損をしたくない、計画や〃逆算〃をして賢く生きたい、と思うようになる。

件《くだん》のクリスマス会であれば、先んじてビンゴ大会の催しの情報を調べておき、最前列に陣取って景品をなめ回すようにチェックし、欲しい景品番付表を作成しておく。そして親が途中で来た場合、「私にとってこの景品がどれほど魅力的か」という切実なプレゼンをすることで、ビンゴ大会が終わるまで親には廊下で待っていてもらう、という算段だ。ビンゴに成功するかもわからないのに。

人生という長い自由時間の逆算においては、自分の年齢を軸に据えて、ライフイベントや体験したいこと、欲しいもの、小さな夢（いつかタンザニアのサファリに行きたい、など）をリストアップし、時間的余裕と家計、身体的な適齢期を加味してプロットしていく作業が必要になる。

実際に、進路選択や就活の場面でも、「10年後のなりたい自分からさかのぼって目標やステップを立てましょう」と、それっぽいことを何百回と言われてきたし、そのたびに私はしたり顔で年表を埋めた。

ご利用は計画的に、ではないけれど、お金だって社会人1年目から財形貯蓄を始め、セリーヌのラゲージにボーナス全額を突っ込んでいた同期を横目に口座の数字を増やしていった。

だが、社会人を数年やってみて気づいたのは、「過去に立てた計画よりも今の欲と緊急性」ということだ。

例えばお金。自分の欲望にのまれたり、家族の事情に巻き込まれたりして、急な出費が必要になることもある。そのたびに「ああ惜しい」と思っていたが、

「払える余裕があってよかった。また稼ごう」と思える自分でいたほうが、結果的に心穏やかでいられることに気づいた。貯金計画なんてどうせ崩れるのだ。

例えば仕事。社会人3年目までに転職か独立をして環境をガラッと変えることを新卒の私はもくろんでいたが、今考えると笑止千万、学生の戯言《たわごと》だった。そもそも、そんな強いハングリー精神は自分になかったし、同じ会社に留まっていても見える景色は少しずつ変わっていく。私にとっては、その小さな変化だけで刺激は十分。ジョブホップをして年収をバチバチ上げていくキャリアは、どうやら私には合わなかったようだ。

取材中、柚さんは何度も「こうやって話していると、私、感情に任せて何も考えずに生きているみたいですね」と白い歯を見せて笑っていた。たぶんその反対で、きっと考えて考えて生きてきた人間には、考えても仕方のないことの多さが身にしみてわかってくるのだ。

だって外の世界は猛スピードで移ろい変わるし、自分の感覚や好きなものさえも少しずつ変わっていく。

目の前に転がる課題や問題を片づけながら日々をやっているうちに、過去の自分の「ビジョン」や「プラン」は、おのずと改訂されていく。

10年後の自分からすれば、今立てた計画など「10年前の若造」の夢や欲望だ。逆算したプランに沿って生きようと躍起になり、あとになって「いやいや私は一体何に振り回されていたんだ」と、むなしい気持ちにすらなるかもしれない。

未来の自分の感情や感覚に関して、現在地からは目を細めても見えないし、今の私には何の保証もできない。少なくとも、今日の自分の感覚を振り落としてまで、明日の計画を優先するような人生は、私には合わないとわかってきた。

今日の天気とか、最近出会った景色や感情とか、週末に控えた好きなアーティストのライブとか、そういう実感や希望のほうが、より大きく、近く感じられるわけであって。その「今日」や「今週」の積み重ねの結果として、なりたい自分や欲しいものが自動上書きされていくのだ。

そして今までの経験上、心の底から沸き上がる欲望や見逃しようのない野心には、逆算などたいそうなことをしなくても自然に足が向くものだ。遠回りをしてでも、いつかたどり着く。

旅先でも同じ現象が起こる。

事前にリスト化しておいたスポットをすべて回れることなど、ほぼない。

雨宿りに立ち寄ったカフェのシンプルなクレープがのけぞるほどおいしかったり、道に迷った末に行き着いた蚤の市で好みドンピシャの置き物に出会ったり、旅の計画なんて、崩れるために組むようなものだ。

そして決まって、番狂わせの旅のほうが面白い場所や人との出会いに恵まれる。

私はこの先、きっと何度も「キティちゃんの大きな時計」を取り逃がす。

後ろ髪を引かれながら、ビンゴ会場をあとにする。大きな何かに流され、半べそをかきながら悔しがる。

それでも、その後どうにかして、自分の「惜しい思い」を救う何かを手にするはずだ。バージョン改訂を経た未来の自分によって。

CASE 3

猛烈ワーママの裏の顔

葵さん（33歳）

葵さんの人生年表

22歳　情報・メディア系企業に就職

27歳　外資系ＩＴ企業に転職

28歳　入籍。夫が東南アジア駐在のため別居婚

29歳　夫が帰国するが、すぐに南米駐在へ。再び別居

32歳　顕微授精で第１子誕生

33歳　夫が帰国し3人での生活がスタート

入籍するもすぐに別居

外資系IT企業に勤める葵さんとは、共通の知り合いを通じてコンタクトをとった。彼女は商社マンだった父親の海外赴任に伴い、幼少期をメキシコなどで過ごした。専業主婦の母親は料理上手で、社交性が高く、着付けや生け花が得意で、「駐妻《ちゅうづま》の鑑《かがみ》」のような人。葵さんの夫も商社勤めで海外赴任中だが、コロナ禍だったこともあり、彼女は帯同せず遠距離結婚を選んだ。「母は母、私は私なので、母のようにはなれませんね」

夫は飲み仲間の一人で、みんなでスノボ旅行をする中で距離が近づいた。葵さんは20代で結婚したいと漠然と考えていたが、焦りはなかったという。付き合って1年ほどたったときに彼の東南アジア駐在が決まり、「結婚、どうする？」という雰囲気になったそう。

「圧をかけたつもりはないのですが、彼からしたら『プロポーズしてと言ったじゃん』って言うんですよ（笑）。当時の私はそんなつもりはなくて」

入籍したものの、夫は東南アジア、葵さんは東京とすぐ遠距離結婚に。

「その国には私が勤める会社の支社があったので、ついていくつもりでしたが、直前で彼のプロジェクトが終了してしまいました。彼は帰国してすぐに南米駐在が決まりましたが、私はコロナ禍で帯同できず。正直ここまで離れて暮らすとは思っていませんでしたが、遠距離でも仲よくできているので、これはこれでいいのかなと思いますね」

人の手を借りてでも効率よく、が信条

現在、葵さんは1歳半になる息子と二人暮らし。フルタイムのワンオペ育児というと凄絶なイメージもあるが、「意外と楽しくやれています」と言う。

「日中は保育園だし、週3日は朝にシッターさんを頼んでいて、料理やゴミ出しをしてもらっています。さらに週1回、お迎えと夕食をお願いしているので、その1時間が私の自由時間。そこでネイルやまつ毛のメンテナンスをしたり、副業でやっているジュエリーのお仕事をしたりしています」

1時間というとドラマ1本分、つまり一瞬に思えるのだが、私と葵さんとでは1時間の価値が大きく違うようだ。

葵さんの1日のスケジュールを詳しく教えてもらった。

6時半に子どもとともに起床。朝ご飯を食べながら子どもと一緒に耳で聴く語学レッスンをし、8時に登園。9時半から17時半まで仕事をし、18時頃にお迎え。夕飯を食べ、子どもをお風呂に入れて20時半には寝かしつけ。24時に就寝。

「子どもが寝たあとは、残っている仕事や副業、趣味の時間に当てています。疲れて寝てしまうときもよくあるけれど、今の生活に不満はないですね」

子育て経験のない私からすると完璧なスケジューリングに思えるが、このスタイルを確立するまでに何か試行錯誤はあったのだろうか。

「タスクを整理するのが好きなので、育休中にスケジュールを決めてしまいました。復職後は週3日出社、2日在宅と決まっていたので、出社する曜日の朝か夕方にシッターさんを頼もう、と。朝が苦手な私は、人に来てもらったほうがテキパキ動けるし、会社にも早く出社できて効率がいい。そこで、週2は朝に頼むことにしました。週1で夕方に頼むのは、自由時間を確保するためです。一度やってみて、無理ならまた考えるつもりでしたが、案外うまくいってます」

一度仮説を立ててから取り組んでみて、ダメそうな部分が出てきたら柔軟に変更していく、という極めて効率的なやり方で復職後のワンオペ育児を実践しているようだ。

週3日プラスアルファとなると、さぞかしシッター代がかさむだろうと思い、出費について尋ねてみた。

「外注はお金がかかると言われますけど、行政の補助金や助成制度を使えば、実はそこまで出費はないんですよ。私が住んでいる区でもいろいろと制度があるので、育休中に調べて活用しています。子どもが病気になったときは、病児保育専門のところに預けるので高くなりますけど、それ以外は1時間2000円くらい。保育園の送迎や、自分が病院に行く間にちょっと預かってほしいというときはファミサポ（ファミリーサポートセンター事業）を使えば、1時間800円。シルバー人材センターにお願いすれば安価で掃除や買い物を頼むことができます。本気でサポートが欲しいと思っているなら、徹底的に調べて使える制度は使ったほうがいいと思います。週1日でも頼めたらラクになるので」

家事や育児の外注は贅沢と思われがちだが、行政の制度を利用すれば、べらぼうに高いわけではないということがよくわかった。保育園の送迎や食事の支度だけでも頼むことができれば、ワンオペでも息抜きができ、ストレスをため込まずにすむのかもしれない。ただ、「知らない人に子どもを預けるなんて」「育児は母親の仕事」という考えを持つ人がまだまだ多いのも現実。

「世間が言う母親像って何？　そもそも世間って誰？　って感じです（笑）。私は自分がハッピーでない限り、相手をハッピーにする余裕はないと思っているんです。だから、最低限自分がハッピーでいられるかどうかを、すべての行動の基準にしています。英語の格言に『ハッピーワイフ、ハッピーライフ』というフレーズがあります。妻の幸せが家族の人生を幸せにするという意味で、そうだよねって素直に思います。もちろんこれは妻の立場に限らないことで、何事においても私が幸せを保てるレベルでやればいいかな、と考えているので、疲れたら休むし、苦手なことは外注しちゃう。私は料理が大の苦手なので、離乳食はレトルト。それでも息子はちゃんと育っているので、これでいいかな～と思いますね」

欲しいものには最短距離で走り込む

葵さんは、復職後のキャリアについてもアグレッシブな姿勢を貫き、最近、昇進をしたという。

「うちの会社は外資なので、復職後に部署替えなどのマミートラックはありません。ただ組織変更があると今までの評価がリセットされてしまうので、その前に絶対に昇進したいと思って頑張りました。くだらない話ですが、育休中に物欲が爆発してしまい、ものすごく金遣いが荒くなって。これは稼がないとやばいぞ、と思って昇進に強い執念が芽生えたんです。病気の子どもを預けることに抵抗がある親も多いですが、私は『これは大丈夫』というレベルの発熱なら、がんがん病児保育を活用しています。『子どもの発熱で休みます』と言いたくなくて」

葵さんの行動一つひとつに、「私は私」「やりたいことはやる」という信念がある。人生の選択において迷った経験を尋ねてみると、彼女はしばらく考えてから答えた。

「迷うことはほとんどなかったですね。大学は2校しか受験していなくて、本当に行きたかったほうを選んだし、転職するときも今の会社しか行きたくなかったので迷っていないんです。子どもも欲しかったから、すぐに行動したし」

誰かと比較したり、うらやんだりすることもないのだろうか。

「いいなあって思うことはありますよ。例えばタキマキ（滝沢眞規子）さんを見て、いいなあ、素敵だなあとは思うけれど、その人自身になりたいわけではない。他人をうらやみすぎると、今までの自分を否定することにもなるので、今の自分を受け入れて楽しもうとするほうがハッピーになれると思います。SNSではみんないいことしか出さないので、そこだけ見てうらやむのも違うし」

他者の人生をうらやむことは、自分の今までの歩みを蔑《さげす》む行為にもつながる。私もようやく最近わかってきたことだが、実践はなかなか難しい。

目指すターゲットに照準を合わせ、そこに最短距離で走り込む彼女は、いつも覚悟を決めて行動している。妊活もその一つだ。彼女が選んだ方法は高度生殖医療の一つ、顕微授精。一般的には、不妊治療の最終手段と言われる方法だが、葵さん夫婦の場合は事情が違った。

「お互い子どもは欲しいと思っていましたが、離れて暮らしているのでもう少し先のことと考えていました。でも、人間ドックで子宮内膜症が発覚し、婦人科の先生から子どもを考えているなら早いほうがいいと言われたんです。オプションで追加したAMH検査（卵巣内に残っている卵子の数の目安を知る血液検査）では、私の年齢の平均値の半分という結果でした。そこで夫に『急いだほうがいいみたい』と伝えたところ、『体外受精をしよう』と提案されました。急な提案に、えっ？と一瞬思いましたが、彼の本帰国を待っていたら2〜3年は先になるし、あのときやっておけば……と後悔しないためにも同意しました」

人間ドックの結果が出たとき、タイミングよく夫が一時帰国していたこともあり、すぐに妊活をスタート。葵さんは会社の先輩に婦人科を紹介してもらい、二人で検査に行った。

「私は考えるより先に行動してしまうのですが、夫はよく考えて吟味するタイプ。ただ妊活に関しては、夫が日本にいる2週間でいろいろと決めないといけなかったので、とにかく行動あるのみでしたね」

当時の葵さんは31歳で自然妊娠の可能性も十分にあったが、物理的に離れて暮らす夫婦にとってタイミング法を試すことができないため、選択肢が体外受精しかなかったという。

「幸い2回目で着床し、息子が生まれました。妊活はさまざまなステップがありますが、通っていた病院が体外受精・顕微授精をすすめていたこともあり、もろもろのステップを飛ばして顕微授精を選びました。あのときの私たちには悩む暇も選択肢もありませんでしたね……。二人目も考えていますが、そのときの状況によって方法は変わってくると思います。一緒に暮らしていればタイミング法をトライするかもしれないし、また体外受精にするかもしれないし」

彼女は「あと……」と、かたい声でつけ加えた。

「たとえ出生前検査をしても、健康に生まれてくるか、病気も事故もなく育つかの保証はどこにもない。現時点で、可能な範囲での想像と覚悟をしながら、息子の育児や第2子のことは考えます」と。

転職し、仕事が軌道に乗ってきたときの妊娠・出産。実は葵さんは、妊活に進む際に強い不安や葛藤を抱えていたという。

「私たちの場合、夫は病院に1回行って精子を預けるだけだったので、夫婦間であまりに負担が違いました。『どうして私だけ仕事を調整して、クリニックに通わないといけないの?』『仮に妊娠できても一人でつわりを乗り越えるの?』『生まれたら生まれたで、本帰国の時期もわからないのにどうやって一人で育てるの?』と散々もやもやして、夫に対して泣きわめいて。私なりに次のチャレンジとして海外勤務を考えていて、着々と準備を進めていましたから。夫の南米赴任についていって現地支社で働くつもりでしたが、コロナの影響でダメになってしまったんです。ちょうどそのときに子宮内膜症が判明したため、今は子どものことにシフトチェンジしようと思えましたが……」

精力的に働き、休日は副業や旅行など常に動き回っていた葵さん。コロナ禍での妊娠で、周囲から気を遣われ、遊びの誘いもなくなった。急に疎外感を抱き、「この先、ずっと育児だけの人生なのだろうか」と強烈な焦りと不安に襲われたという。いわゆるマタニティブルーだ。

「冬は毎週のようにスノボに行っていたのですが、妊娠してそれができなくなった。当然ですけど、飲み会にも誘われなくなり、友達が急激に減った気がしたんです。人と会って話をするのが好きだったのに、コロナ禍で出歩けないまま家に一人きり。さらに体形の変化にも自分の気持ちが追いつかず、何も手につかなくなり、軽い鬱《うつ》状態になりました」

妊婦の旅行には賛否両論あるが、葵さんは思いきって海外旅行へ。

「行動制限はいろいろありましたけど、ハワイで気分転換できました。計画を立てているときから少しずつ元気になっていましたね。徐々にコロナも落ち着いてきて人と会えるようになり、夫が出産のために帰国して、回復していきました」

しかし、産後は違うつらさが待っていた。

「麻酔分娩だったので、出産はラクなほうでした。私の場合、麻酔が切れてからが大変でした。産褥期《さんじょくき》は相当つらかったですね。ホルモンバランスの変化、体じゅうあちこちの痛み、いろいろな不調が襲ってきますから。特に私は授乳がうまくいかなくて。助産師さんに来てもらったり、病院に通ったりしてもダメだったので諦めました。2カ月間、徹底的にやっても無理だったので、後悔はしていません。完全ミルクにしたことでストレスが減ってラクになりました。母親なら誰でもおっぱいが出るわけじゃないし、出ても乳腺炎で苦しむ人もいるし、育児でのおっぱい悩みは覚悟しておいたほうがいいかもしれないですね」

自分にしかできないこと、自分でなくてもできること、自分にはできないこと。この三つの割り振りをさばくのが葵さんは抜群にうまい。一度トライして頑張ってみて無理なことは、私には無理。そう見切れる往生際のよさを見習いたい。

葵さんはワンオペでも育児を楽しくやれているというが、今の社会で子育てをするとなると、どうしてもネガティブなことばかり浮かんでくる。子どもをかわいいと思えるのかも不安な要素だ。

「個人差はあると思いますが、私は子どもを産んだことで、人生がより楽しくなりました。それに、自分の子どもはかわいいんです。かわいいというより〝愛おしい〟かな。私も昔はよその子どもをかわいいなんて思えなかったけど、今は素直にかわいいと思える。子どものためなら……と行動できるのは、おそらく本能でしょうね」

何事も軽やかにこなし、欲しいものは手にしてきたように見える。葵さんの中で、何か諦めたものはあるのだろうか。

「ピアノかな。楽器を演奏するのは好きだけど、高校ではバレーボール部に所属していたんです。指をケガする競技だから、ピアノかバレーかを選ばないといけなくて。私は部活生活を選び、ピアノを諦めました。今でも、ちょっとした場で誰かと一緒に楽器を演奏している人を見ると、いいなあと思いますね」

人生で最もつらかった経験を尋ねると、就活と1社目の職場だと彼女は答えた。

「私は就活に力を入れていろいろな企業を受けたのですが、志望度の低い2社しか受からなかったんです。そのときはかなりへこみましたね。入った会社では激務で体を壊しました。肌は荒れ放題、胃腸が乱れすぎてて息が臭くなったり、下痢を繰り返したりして……。友達に会うだけで涙がこぼれてきて、極限状態でしたね。上司が替わり、なんとか乗り越えてから転職しました。でも、逃げるのは嫌いだから、絶対に成果を出して次へ行きたいんです」

そのストイックさに呆気《あっけ》にとられていた私に、「宙ぶらりんな状態が苦手で、達成感がないと気持ち悪いんです」と彼女は自分の特性を解説してくれた。

「自分の強みとなる才能を診断する『ストレングス・ファインダー』を受けてみて、自己理解の精度が格段に上がったんです。本業にも役立つ知識だし、認定コーチ資格もとりました。私は達成欲という資質が強いことが再確認でき、弱みもよくわかって、自分のトリセツができた感じですね。資格を生かしてコーチングの副業を始めたところです」

もともとやりたいことにすぐ手を出すタイプだと言うが、最近は衝動性を抑えて、効率を考えながら自分なりのプランやシステムを組むことにより、感情や生活リズムをコントロールしやすくなったそうだ。

いくつか副業を持ち、ジュエリーブランドも立ち上げた彼女を見ていると、本当に私と同じ24時間を過ごしているのかと思うほど。

「ジュエリーのビジネスは好きだからやっているだけで、正直、全然稼げてはいないです。副業は趣味の延長のようなものですね。子どもがいるとできないことは確かにあるけれど、週1回の夕方1時間でネイルなど美容のメンテナンスができるし、有休をうまく活用してママ友と集まってリフレッシュもできている。夜に友人と会うときは、イレギュラーでシッターさんを呼んでいます。時間が限られているからこそ、仕事も集中できる。子どもが生まれる前よりも時間の使い方の質が上がったのを感じます。この1時間で何ができるか、を考えるようになりました。一番は、想像以上に子どもがかわいいことですかね。それが原動力になるんです」

ワンオペ育児を回しながらも仕事とプライベートを充実させている葵さんの姿を見ると、希望が見えてくる。なにより、葵さんの話す様子には覇気がある。

「やりたいことに割く時間がないのは、優先順位のつけ方が問題だと思うんです。育児に追われて自分のケアがあと回しになることもありますが、私の仕事は人と会う営業職なので、身なりを整えることは優先順位の上位に入ります。だから、できる範囲内で美容にもお金と時間をかけています。髪の毛がボサボサで疲れているように見えたら、仕事を頼もうと思われないかもしれないので。ずっと在宅で人と会うことがないとしても、自分の気持ちが上がらないですよね。子どもがいてできないことはあるけれど、すべてが子どものせいじゃない。スマホを見ている時間にやりたいことをやればいいし、本当にやりたいことがあるのなら誰かの手を借りればいい。どれだけ本気になれるかだと思います」

夫の帰国が決まり、ワンオペ育児はいったん終了。夫がいつまた海外赴任になるかわからないが、しばらくは3人での新生活が続くという。現行のシステムを見直し、夫婦で家事や育児をどう分担するのかはこれから話し合うようだ。

「定期で頼んでいるシッターさんはいったんやめる予定です。ただ、二人で全部やるのは無理だと思うので、何ができないのか、それをどう埋めればいいのかを考えていこうと思っています。私は料理が苦手ですが、夫は得意。夫は掃除や片づけが苦手ですが、私は好き。性格的にも、私は衝動タイプで夫は吟味タイプ。今後の生活がどう変わるのかは私にもわかりませんが、なんとか補完し合っていけたらいいなと思っています」

Jealousy kurumi's Voice

自分の耐久性をなぞって、ぶつけて、確かめて

「無理はしないようにね」

ここが踏ん張りどころ、という局面で何度もかけられた言葉だ。「頑張って」より思いやりの深い言葉に聞こえるが、「無理をして体を壊しては元も子もないよ」というありがたい忠告でもある。

仕事仲間から言われる場面では、「きちんと体調管理をしてね」という念押しとしても使われる。

要するに自分のキャパシティを把握して、心と体を壊さない程度に頑張り、成果を出せ、という意味だ。

キャパシティは、よくコップと水に例えられる。コップは自分の許容量（キャパシティ）を、水は情報やタスクを示す。自分のキャパシティを見誤り、タスク

を抱え込むと、水があふれ、コップが倒れてしまう。もうギリギリの状態を「表面張力で耐えている状態」と表現したりする。

コップの容量や、1日あたりにさばける水の量は、人によってまったく異なる。ビールジョッキほど大きい人もいれば、エスプレッソカップほどの人もいる。

私のコップはおそらくティーカップ程度だが、幸いにも心や体を大きく壊したことはない。せいぜい発熱やじんましん程度で、1カ月もすれば元どおりだ。それは決してキャパが大きいわけではなく、もともと無理をしない性分のおかげだと思う。

もうひと頑張り、というときも自分の気分や体調を優先し、やる気が出ない日はすべてのタスクを放り出してソファと一体化するスライムになる。朝起きたときに体調の異変を感じれば、すぐに体調不良を報告し、周りの協力をあおぐ。たまにコップから水があふれたときは心に1ミリの隙間もなくなり、自他に対して無性に攻撃的になってしまうため、その事態だけは避けたいと考えている。

だが最近思うのは、コップの容量と同じくらい大事なコップの「耐久性」について、我々はあまりよく知らないのではないか、ということだ。何回倒れたらコップが壊れてしまうのか、何度までのお湯なら耐えうる材質なのか。

個々人のコップは容量のみならず、材質も異なる。現在の水量が見えやすいガラス製のコップの人もいれば、わかりにくい陶器のマグカップの人もいる。お湯を注いだときに温度差に耐え切れず、パキンと音を立てて割れてしまうコップだってあるだろう。

私たちが健やかに生きるためには、容量だけではなく、自分のコップの材質を知り、耐久性を測っておく必要がある。

通常、製品の耐久テストでは、さまざまな負荷をかけ、今後想定される負荷にどれくらいの時間耐えられるかを判断する。どんなにスタイリッシュな通勤バッグでも、パソコンを入れて半年使っただけで布が破けてしまっては意味がないからだ。重りや振動、電圧、衝撃、摩擦、熱などの負荷をかけ続け、基準をクリアした製品のみが出荷される。

本当の意味での「体調管理」とは、自分についての小さな耐久テストを反復しながら生きることなのだろうと思う。

葵さんは、本業と副業、育児と趣味と家事、すべてを要領よくこなし、自力と外注のバランスの重心をうまくとっているように見えたが、それは彼女が今まで幾度となく繰り返してきたトライアンドエラーという名の耐久テストの賜物《たまもの》だ。

まず自分の行動特性や資質を言語化し、その基準に沿って戦略を立てる。

次に自分の持ちうる時間、体力、精神力という資産の割り振りを決めながら、無理だと思うところがあればアジャイル（最初に立てた方針や仮説を柔軟に軌道修正するよう）にどんどん調整していく。

未経験の負荷が生じた場合でも、これくらいの負担は処理できる水だ、この苦痛はほかの人には大丈夫でも私には耐えられない熱さのお湯だ、と把握している。その結果、「やらなきゃいけないこと」を自力と外注に分けて華麗に采配し、「やりたいこと」を挟んでガス抜きをし、将来に向けた「やっておいたほうがいいこと」に割く労力も残しておけるのだ。

むろん、私たちは既製品のコップではないため、機械的に耐久テストを行うことは不可能だ。体も心も一つとして同じものはなく、複雑な構造を持っている。そして環境や出来事や年齢によって脆《もろ》さも変わるし、ときにはヒビも入る。

よくわからないものは、角度を変えていろいろな視点で見て、指で触れて形や柔らかさを確かめなければ、一生わからないままだ。ときには刺激を与えたり、自分の硬い爪を沿わせたりぶつけたりして音や感触を知ることも必要だ。そうやって大量の反復を経て、自分の耐久性を感覚的に捉えていくしかない。

未経験の負荷がかかったときこそ、私の耐久テストの責任を負っているのは、私自身だと意識したい。

無理せず自分のペースで頑張る、などという簡単な言葉を実践するのは決して容易ではないからだ。

水があふれてコップが倒れないように、コップが割れたら時間をかけて金継ぎをするように。そうして一生かけて自分の丈夫さと脆さと付き合っていきたい。

CASE 4

途上国での子育てと人生後半で出会った天職

杏さん（49歳）

杏さんの人生年表

22歳　証券会社に就職

26歳　アパレル会社に転職

29歳　結婚。退職して夫の駐在に帯同

33歳　第1子出産

35歳　第2子出産

44歳　帰国

46歳　ピラティスインストラクターの資格取得

結婚を延期してでもやりたかった仕事

二人の息子さんを育てながらピラティスのインストラクターをしている杏さんには、知り合いを二人経由してオンライン取材をお願いした。太陽のように明るくエネルギッシュな人柄が、パソコンの画面からも伝わってくる。通知表に「明朗快活、リーダーシップがある」と書かれていたというのも納得だ。

彼女が本格的にピラティスを始めたのは45歳のときだった。コロナ禍で先が見えない不安の中、自分の人生を見つめ直し、何かできることはないかと考えを巡らせるようになった。さらに、あのとき多くの人がそうであったように、杏さんも健康への意識が高まり、このまま老いていく自分をただ見ているだけではいけないと、趣味の一つだったピラティスをより深く学んでみようと思ったそう。

杏さんは女子大を卒業後、新卒で証券会社に就職。4年勤めたのち、アパレル会社に転職し、人気ブランドのプレスとして働いた。友人の結婚式で知り合った男性と29歳で結婚・退職し、33歳で第1子、35歳で第2子を出産。その間、夫の海外赴任に伴い、フィリピン、ミャンマー、トルコでの生活を経験したという。経歴だけ聞くと、海外経験も豊富で華々しい半生という印象を受けるが、杏さんは自分の手放してきたものに関して語った。

「キャリアを手放すことに不安な気持ちがあったのは確かです。プレスの仕事は天職だと思っていましたから。担当していたブランドの認知度が上がり、問い合わせや貸し出し、取材の件数が増えると、ちゃんと評価もされました。毎日のように終電で帰るのも苦ではなかった。脂が乗ってきた30歳手前で仕事を辞めるのは、後ろ髪を引かれる思いがありました」

仕事で確かな手応えを感じていながら、積み上げてきたものを捨てて退職するのは、苦渋の思いだっただろう。実は杏さんは、27歳のときに一度プロポーズをされたものの、アパレルの仕事にやりがいを感じていたためお断りをしたそう。

「彼は商社勤めで、フィリピンに転勤するからついてきてほしいと言われたんです。でも私は、もっと仕事をしたいという気持ちのほうが強くて、今は一緒に行けないと伝えました。彼のことが嫌いになったわけではないし、彼も待ってくれた。遠距離恋愛を経て2年後に結婚しました」

その2年間は仕事に集中し、やれることをやり切ったという杏さん。

「デートする時間がない分、めちゃくちゃ集中できたんですよ（笑）。だから、思う存分仕事ができたし、私ももう29歳だしと思ってひと区切りをつけました」

当時、30手前の杏さんの周囲では結婚ラッシュが起こっていた。「あれ？　私だけ残っているかも」とプレッシャーを感じたのも事実だという。

「ずっと一人でキャリアを極めるという選択肢はなく、30代半ばで結婚するだろうなと考えていたんです。だいぶ早くプロポーズされたので戸惑いましたが、時代的にも30歳前に結婚する人が多かったし、寿退社という言葉もあったくらいですからね。結婚したら仕事を辞めるのは、あの時代はわりと普通だったかな」

駐妻ライフのリアル

フィリピンでは夫と二人だけの生活。〝駐妻〟という響きは、憧れのステータスのように語られることもあるが、実際はどうだったのだろうか。

「20年前のフィリピンですから、危険なことも多かったですし、生活インフラが整っていなくて、本当に不便でしたね。まず〝生活をする〟ことが大変。蛇口をひねると茶色い水が出てくるんですよ。シャワーが出ないとか、電気が止まるとかは日常茶飯事。家は広いし、お手伝いさんや運転手さんがいるので、そこだけ切り取れば優雅な生活のように見えますが、大変なことだらけでしたよ」

途上国への旅では、歯磨きも洗顔もペットボトルのミネラルウオーターを使うのが定石だ。数日間ならなんとか耐えられるが、全方位に潜む危険や、不衛生に気を遣う生活を年単位で続けるというのは並々ならぬ忍耐力が必要だろう。大変と言いつつも、杏さんはどこか楽しげに話してくれた。

「水が出ないとか、停電するとか、人や物が約束の時間に来ないとか、そういうネガティブなことばかりに目を向けていると余計につらくなるでしょう？　だから、『今日1日停電が起こらなかった、助かった〜』とか『こんなきれいなお花は日本では見ないよね』『野菜は新鮮だし、おいしいフルーツもいっぱいある』って、小さな幸せに目を向けるようにしたんです」

その気構えはどの国に行っても変わらなかった。

「ミャンマーでの生活は、子どもも一緒だったのでもっと大変でした。健康と心身の安全の保証が一番大変。でも、そこにフォーカスしないようにしていました。子どものほうが言葉もわからなくて不安なのに、親である私が不安になっていたらダメだ、と。楽しい方向に目が向くように心がけていましたね」

できる限り、物事のいい側面に目を向ける考えは子育てにも反映されている。

「できない9個に対して『何でできないの！』と怒るのではなく、できた1個のことを認めてほめるようにしています。息子たちも今は高校生と中学生ですけど、それぞれ自分のやりたいことを頑張っていて、その姿は自分の子どもながらリスペクトしているんです。長男は海外で身につけた英語を自分の武器にしているし、次男はサッカー漬けの毎日で、プロになるんだと頑張っています。ほかの勉強があまりできなかったとしても、それぞれちゃんと自分の武器を見つけているので、そこは認めてあげたいですよ」

家族間でもリスペクトし合える関係性は、どうやって築いてきたのだろうか。リスペクトを持ち続ける余裕など、日常の瑣末《さまつ》なケンカやトラブルに押し流されて消えてしまうのが常だ。

「海外で暮らしていると、家族の絆は自然と深まるんですよ。どこに行くにも家族4人で行動することになるので。私の実家では、父が忙しくてほとんど家におらず、兄も自分だけの世界があるような人で、家族揃って何かをした記憶があまりないんです。だからこそ、ギュッと家族が密になっている関係に憧れがありました。海外生活は大変だったけれど、家族がいつも一緒にいられたことはとてもよかったですね。日本に帰ってきてからは、夫は仕事が忙しくてあまり家にいないので、ちょっと寂しいかな。子育てもワンオペでしたし」

危険と隣り合わせの駐在生活では家族4人が最小単位になっていたという。社会課題として広く認知されるようになってきたワンオペ育児。当時、この言葉はなかったかもしれないが、一人で子どもを育てることに対してどう折り合いをつけていたのか。ましてや医療事情も交通事情も日本とは異なる途上国で。

「確かに今の時代にはそぐわないですよね。『時代遅れだよ』と夫には言っていましたが、子どもが小さいときは、必死すぎて文句を言う暇さえありませんでした。それに彼は本当に仕事が忙しくて、子どもが起きている時間に帰ってこられないことも多かったので、しょうがないよねと思ってました。私にも原因はあります。私は尽くすタイプで、相手に何でもやってあげちゃう。結婚するときに既婚者の先輩たちから『最初が肝心よ。ちゃんと旦那さんを教育しないと』と言われていたのに、ついつい甘やかしてしまって。子どもが生まれたら女性は母親になってステージが変わるけれど、うちの夫は父親になっても何も変わらないままで、ずっと同じ場所にいます。家事能力も低いまま。だから、子どもたちには今から料理や掃除、洗濯ができるように教育しています」

手を尽くしても変わらないものは仕方ない、と受容する姿勢は、海外生活での心がけと通じるものがある。そして、家事や育児に参加しない夫でも尊敬しているというのが不思議であり、素敵だなとも思う。

「子育てに協力しない、家に全然いない……。こうして夫の悪いところを挙げるとキリがないんです。だけど、コミュニケーション能力が抜群に高くて、誰とでもオープンマインドで話せるところは尊敬できる。親戚の集まりでもそうですし、どのコミュニティに行ってもその場を盛り上げて、話の中心にいる人なんですよね。彼がいるとその場がパッと明るくなる。家にはいないけれど、家族4人がちゃんと生活できるように稼げる能力、スキルがあって、向上心もある。それは息子たちも認めているところですね。『お父さん、朝は起きてこないけど、仕事をしているときや、外国の人と話しているときはカッコいいよね』って言っているくらい。私も愚痴ではなく、彼のいいところを口に出すようにしています」

ないものに目を向けず、今あるものを認めること。杏さんは、何事においても長所を見つけて育む達人なのだろう。人付き合いについて学ぶべきところが多い。義母との付き合い方にも膝を打つ納得ポイントがあった。

「私、義実家にあまり歓迎されていなかったんですよ。彼はお堅めの家系だったこともあり、アパレル業界の私は嫁としてふさわしくないと思われていたようで(笑)。彼は最後の最後まで結婚に反対されていたみたいです。義母には結婚後に徐々に認めていただけました」

子どもの教育方針についても口出しされる場面が多々あるようだが、波風を立たせぬよう、柳の枝葉のようにしなやかに受け流すという。

「義母は子育ての先輩ですし、70年も生きていれば自分のルールがあって、それが正しいと思っている。それは義母だけでなく私の母もそうです。野菜の切り方一つとっても、40年続けてきたやり方を絶対に変えない。その世代の正しい子育て論や母親像があって、それを嫁や娘に言いたいんでしょうね。時代の違う私たちからすると窮屈に感じるけれど、お互いに正しいと思っていることがあるので、そこは譲れない。だから、その場では『はい。そうですよね。そうしますね』と言っておけば、波風が立たずにすむんです。お義母《かあ》さんの意見を肯定しておいて、そのうえで、私は子どもにとって自分なりの最良の選択をします」

一度は義母の方針を受け入れたふりをして自分の教育方針を貫くため、のちのちつじつまが合わなくなるが、その後の義母対応は夫の出番だという。

「それくらいはしてもらわないと（笑）」

どんな局面でも否定はせずに、広い心でいったん受け止めるのが杏さんの処世術だ。駐妻時代も、彼女はそのスタイルを貫いた。下世話な話だが、やはり駐妻のコミュニティはひと筋縄ではいかないようで……。

「20年も前の話ですけどね、〝奥様会〟というのがありましたよ。月1回集まって近況報告をしたり、日本から会社のお偉いさんが来ると一品持ち寄ってもてなしたり。私はまだ若かったし、アパレルに勤めていたこともあり、奥様たちからは異端児的に見られていました。素足にパンプスを履いていって怒られたり、ターバンを巻いたファッションで買い物しているところを見とがめられたり（笑）。夫の立場もあるので定例会には参加するようにして、あとはいい距離感を保っていました。でも常に誰かに監視されている感じはありましたね」

街に初めてオープンしたマクドナルドでポテトを買い、道中でつまみ食いしたのを奥様会のメンバーに見られて、「今歩きながらポテト食べていたでしょう」と電話がかかってきたこともあるらしい。その話は、買い食いの現行犯で幾度となく担任に捕まり、こってりしぼられた私の中学時代を思い起こさせた。

最初の駐在先では子どもがおらず、一人の時間も多かったはず。終電まで働く生活をやめ、急に家庭に入るフラストレーションはなかったのだろうか。

「最初は、社会と分断された不安が押し寄せてくるんです。東京ではものすごいスピードで物事が進んでいるのに、自分だけ停滞している怖さ。社会復帰できる気がしない……。私は帰国後も仕事に復帰する考えはなかったので、現地での生活を楽しむことにシフトできたけれど、復職を考えている女性の中には帰国していった方もいますね。ただ、今はネットで世界中とつながることができ、どこにいても勉強はできるので自分次第じゃないでしょうか」

46歳からの社会復帰

帰国後も仕事復帰をするつもりがなかった杏さんだが、45歳にしてピラティスのインストラクターの資格をとるべく勉強を始め、翌年にはインストラクターとして教室を開くに至った。

「コロナ禍で考えちゃったんですよね、この先の人生、自分にもまだできることがあるだろうか、と。でも29歳で仕事を辞めてからずいぶん時間があいてしまい、オフィスでバリバリ働けるかと言われたら自信がなかった。年齢も45なので、需要もないかな、と。そんなとき、体に不調が現れてきて、健康のことに気が向くようになりました。体を動かすのは好きだったので、コロナ禍で外出が制限される中でも、何かしら体を動かしたいと思っていたんです」

ヨガのレッスンに通い始めたある日、レッスン直後に体が変わる感じを覚えたという。「何かいつもと違う」と先生のところへ。

「その先生はピラティスのインストラクターの資格も持っていて、今日のレッスンにはピラティスの要素が入っていたと教えてくれたんです。これだ！　とピンときました」

ヨガは古代インドでヒンドゥー教の修行の一つとして始まったもので、呼吸法や瞑想《めいそう》を通して心と体を結びつけるものだ。一方、ピラティスはドイツ人のジョセフ・ピラティスが第一次世界大戦中に考案した「ケガを負った兵士の回復用プログラム」として始まったエクササイズ。ヨガは腹式呼吸とポーズに重点を置くが、ピラティスは胸式呼吸をしながらインナーマッスルを動かし続け、筋肉の鍛錬と骨格の矯正を重視する。

トルコで何度かピラティスのレッスンを受けたことがあり、基本は知っていた杏さん。

その先生に出会ったことで、体の深層部から心と体を整えていくピラティスの魅力に気づき、もっと知りたい、もっと学びたい、と突き動かされるように勉強にのめり込んでいったという。

「知識を取り込んでより深く知ることで、これをみんなに伝えたいと思ってしまったんです。いや、伝えなきゃという使命感がわいてきました。45歳の私でもできたし、体の不調や姿勢が目に見えて改善される。在宅生活で心身に不調をきたした友人や、世の中の人たちをピラティスで救いたいと心の底から思い、インストラクターの資格をとろうと決意しました」

それからの毎日は、インストラクター養成コースに通い、勉強漬けの日々。子どもたちにも協力してもらいながら家事をこなし、試験前の3カ月は特に集中して勉強をしたという。

「毎日の献立を考える時間ももったいないと思って、1カ月分の献立をまとめて考え、この日の昼食を翌日の夕食にアレンジして……と効率よくできる方法を考えながらやっていましたね。子どもたちも高校生と中学生になり、自分のことはできるので助かりました」

努力と工夫のかいもあり、無事に資格をとることができた杏さんは、自宅でのレッスンをスタートさせた。最初はママ友に声をかけるところから始め、4～5人が集まってくれたという。その後は公民館などを借り、着実にインストラクターとしての経験を積んだ。

「最初はまだひよっこですし、無料でいいからレッスンさせてとお願いしましたが、経験を積んでからは、ちゃんとレッスン料をいただきました。それでも継続してくれる人が多くてうれしかったですね。口コミで生徒さんも増えましたし、インスタを開設して投稿を続けてみると、さらに集客できました。自宅で週2日のプライベートレッスンと、半年ほど前からはスタジオにも所属して週2日、1日あたり3〜4本のレッスンを受け持っています」

46歳からの再出発。こんな形で再び社会と接続する方法があるのか。20代でバリバリ働いていたとはいえ、15年以上の空白がある杏さん。キャリアの中断を躊《ちゅう》躇《ちょ》している人たちにとって、彼女の英姿は間違いなく一つのモデルになる。

「アパレルのプレスをやっていたときは、これが私の天職だと思っていたのですが、ピラティスのインストラクターのほうが天職でしたね。私、しゃべることが好きだから、伝えるのがとても楽しいんです。私が伝えたことで、みなさんの体がよくなっていく。『体がラクになりました』『不調が改善されました』と言っていただけるなんて、こんな幸せなことはないですよ。家事や育児はやって当たり前と思われているので、いちいち感謝もされないし、評価もされない。仕事を再開してみて、誰かに自分の価値を認められるってこんなにもうれしくて、気持ちがよくて、自分が満たされるエネルギーになるんだと、15年ぶりに感じました」

人疲れはしないのかと愚問を投げかけた私に、杏さんは「しない。むしろ私がぐいぐい行くから疲れさせてるくらい」と笑顔を見せた。

失敗、と思えば「失敗」になってしまう

天職に出会い、イキイキしている一方で「子育ては楽しい」「子どもとの時間は幸せ」と言う杏さん。産んだ人に聞くと、だいたい同じ言葉が返ってくる。しかし、私を含め未経験者は子どもをちゃんと育てることができるのか、愛せるのだろうかと不安ばかりが募る。

「その気持ちもわかります。妊娠中は幸せなんですよ。だけど、いざ生まれてくると、一気に自分の時間はなくなってガラリと生活が変わる。私がいないとこの子は生きていけないと思うと、すごいプレッシャーが襲ってくる。こんなにも生活が変わるなんて育児書に書いてなかったよね？と思ったし、私は特に急激な変化についていけなくて産後鬱になってしまったんです。周りの看護師さん、助

産師さん、担当医に支えてもらって徐々に落ち着きましたが。完璧にやらないといけないと思い込んでしまい、自分を追い詰めていたのかも」と杏さんは続けた。

仕事や趣味にやりがいを感じながら、自分の時間を自分だけのために使ってきた人は特に注意が必要だ、と。出産を機に、赤ちゃん中心の生活に一気に変わり、そこに産後の体のダメージやホルモンバランスの変化も加わる。何でも完璧にやろうと頑張ってきた人ほど、育児書の話と違う自分の子育てに不安が募り、大量の「思いどおりにならないこと」を受け入れられずに産後鬱になってしまう危険性がある。

「大切なのは、周りのサポートを最大限に利用することです」

一番近くのパートナーと協働するのはもちろん、助産師さんや看護師さん、親、地域のサポート、保育園や子育て支援など、借りられる手を総動員して自分自身を維持していくことが大事だという。自分の時間が子育て一色に塗りつぶされていく辛苦を語ったあとに、「その分、大きすぎる見返りもありますよ」と杏さんは子育ての喜びについて話してくれた。

「旦那さんや彼氏に対しては、自分が愛した分、愛されたいと思いますよね。でも不思議なことに、子どもには愛を注ぐだけで満たされるんです。自分の内側から無償の愛がわき出てくるというか、これを『愛おしい』と呼ぶのだと思います。何もできない赤ちゃんが一つずつできるようになっていく様子を一番近くで見て、そこに携わり、必要とされる存在が親。一人の人格、心と体を育てていく過程にはものすごい達成感がありますよ。いろいろと試してはやり直して、を繰り返し、少しずつ一緒に歩んでいくんです。会社のどんな大きなプロジェクトに参加するよりも、責任とやりがいがある任務だと私は思っています」

だが、長い子育ての最中で、自分ではどうにもコントロールできない事案が出てくることもあるだろう。杏さんは、今までで最大の決断だったという長男の進路について語った。

「帰国後、長男は受験をして中高一貫校に入学しましたが、校風がなかなか合わずに、登校できないくらいメンタルが落ちてしまう時期がありました」

せっかく受かった一貫校をやめると、公立中学への編入、高校受験が待っている。公立中学校の雰囲気も、高校受験の厳しさもまったく見えない中、リスクを伴う選択だ。夫としては、一貫校に残って息子に壁を乗り越えてほしいと思っていたようだが、彼女は一貫校をやめる決断をとった。

「あの決断は、私自身の人生の決断よりも、よっぽど神経をすり減らして出した結論。あとから、やめさせてくれてありがとう、と息子に感謝されました。『自分はずっと暗闇にいたけど、長いトンネルからやっと抜け出せた』と言っていましたが、それほど悩んでいたみたいです」

何の保証もない中での決断だった。どちらの選択肢が彼の未来を照らすものになるのかはわからないが、少なくとも今、彼の首を絞めている環境にだけは身を置かせてはならない。そう強く危機感を抱き思索した末での決断だろう。たとえ高校受験に失敗したとしても、「失敗」と思わずに前に進めると思った、と彼女は言う。現状に固執し、この状況の中に居続けるよりは遥かにいい、と。

杏さんの、揺らがない姿勢やバイタリティはどこからくるのか。人生で道に迷ったときに大事にしていることを聞いた。

「座右の銘は『為せば成る 為さねば成らぬ 何事も』です。ダメだったら引き返せばいい。人生は絶対にやり直しができるから、間違ったと気づいたときに舵《かじ》を切ればいい。ダメかもと思ってやらないのはもったいないでしょ？」

引き返せることも、やり直せることも頭ではわかっているが、つい時間のロスを考えてしまう。時間は不可逆で、私たちは確実に年をとり続けているからだ。

「年をとればとるほど価値が下がるのはわかりますよ。体も衰えていくし、決断も鈍ってくる。だからこそ、フレッシュなうちに動いたほうがいいですよね。悩んで半年、1年たってしまうなら、行動したほうがロスは少ないと思わない？悩んでいる間は何も進まないから、少しでもいい状態にするために踏み出そう、といつも考えています」

煮え切らない表情をしていた私に、杏さんは優しく言葉を続けてくれた。

「失敗と思ってしまったら失敗。大変と言っていたら大変。子育てもそうで、なんで泣きやまないのと思えばこちらも悲しくなってくるけれど、どうして泣いているんだろうと理由を探るようにすると、解決策が見えて少しずつ楽しくなる。あのとき、なんで結婚してしまったんだろうと思えば失敗だけど、彼と出会って結婚したから今の生活があると思えば成功。どう考えるかですよ」

なるほど、結果の最終評価は自分次第なのだ。大事なのは、自分の感情の矛先をどこに向けるか。そしてその切っ先をコントロールする術《すべ》を磨くこと。

「あとは明確な目標を一つに定めると決断できますよね。今の状況を1ミリでも打破したいとか、少しでもいい状況に身を置きたいと強く願えば、踏み出せるのかなと思います」


彼女は、過酷な途上国での生活で大きな気づきを得たという。

「アジアの途上国で不自由な生活をしたときに、すべてが満遍なく満たされているると、その分、見逃してしまうものも多い、ということに気づかされました。不便だからこそ見えてくるものがあって、満たされないからこそ、ささいなことに幸せや喜びを感じられるのかなって」

〝こうなったらいいのに〟という日々の欲求が完全に満たされることはない。欠けているものこそが、今ある幸せに目を向かせてくれるのだ。

未知の不安や不便さと闘ってきた杏さんは、逆境の中にも美点や救いを見出し、変わることを恐れずに突き進んでいた。

天職かも、と波に乗ったあとで知る

自分の性質にぴったり合った職業のことを「天職」と言う。適職という言葉もあるが、「天職」のほうがより「その人に合った、うってつけの」感が出るし、特別感も強い。

英語では、天職をcallingと言う。神様の声、から派生して「神様の思《おぼ》し召し・天命」「天から授かった職」の意味があるらしい。

英語の授業でその語源を聞いたとき、私は少々の滑稽さと能天気さを感じた。なんじゃそりゃ、神頼みすぎる、と。自分の特性なんてものは自分が一番よくわかっていて、天の声ではなく自分自身の意思で職業を選ぶべきだろう、と。

当時の私は、何もわかっていなかった。仕事というものは巡り合わせの要素が非常に大きい。

自分が全力を尽くしても、何か大きな力が働いて人事異動を命じられたり、やむをえない事情でプロジェクトが頓挫したりする。そうかと思いきや、昔の仕事相手の紹介が巡り巡って、ほかの人から新しい案件をもらえることもある。自覚がなくても、周りの評価によって自分のニッチな得意分野に気づき、そこから芽が伸びることもある。自分の意思を大きく超えた、運や縁の世界、確かに天の次元だ。

〝私にぴったりの仕事〟を躍起になって探している人は少なくないが、迷子猫の捜索じゃないんだから、こちらから呼びかけて探し回るにも限界があるだろう。

自分に合う仕事は、こちら側からの働きかけではそうそう姿を現さない。

むしろ自分に適性があり、需要が確かにあるのならば、周りの人間が「これが得意なんだからやればいいのに」とリング上に引き上げてくれるのだ。

自分の「好き」と「人よりちょっと得意」を自覚しながら目の前の仕事を続け、その道のりで「これは」と打ち震えるような何かに出会ったらそちらに向かって走り出す、くらいがちょうどいいのかもしれない。

誰しもが心身の不調を覚えていたコロナ禍で、杏さんはピラティスの魅力に射抜かれ、強烈な使命感を抱いた。これはまさに〝天命〟のようなビビッとくるものを感じたからではないだろうか。

そして機能解剖学や運動学を学び、資格をとり、自分の力で教室を開いて生徒さんを持つに至ったのだ。加えて彼女の快活な性格は、先生という職との相性もよかったのだろう。

今や、何事も距離と時間を超えて学ぶことが可能になり、遠方の顧客を探して自分のサービスを届けることも実現する時代だ。杏さんが最初に自宅や公民館で教室を始めたように、いきなり大海に航海に出ずとも、徒歩5分の市民プールに飛び込むところから新たな職への挑戦はできる。

いつか天からの声が聞こえるまでは、この物書きを私の天職（仮）としていいだろうか。

CASE 5

幸せと呼ばれるものに私は向いていない

翠さん（38歳）

翠さんの人生年表

20歳	専門学校卒業、就職
22歳	地元・北陸を出て、日本各地を回る
23歳	北海道に移住
31歳	長野県に移り、結婚
33歳	離婚
35歳	東京で就職
37歳	外資系ＩＴ企業に派遣で働き始める

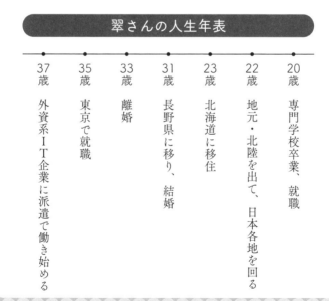

自分から手放した幸せ

「今、楽しいことは楽しいけれど、別に幸せではないかな」と、言葉とは裏腹にどこか晴れ晴れしく語る翠さん。

取材募集のポストを見てメッセージをくれた彼女は、ライターになる夢は道半ばで挫折し、今は派遣社員として働く。31歳で結婚するものの、33歳で離婚。38歳の今、人生を一つ終えた感覚があるという。

翠さんは、22歳で地元・北陸を出て埼玉県に移り住み、半年もしないうちに宮城県に移住した。

女性では珍しい400ccのバイクを乗りこなし、日本各地を回りながら、その土地での体験を書くことが生きる原動力だった。ライターとして大成したい思いを胸に彼女は北海道に移り住み、これまでの移住生活で最長の7年間、そこでの暮らしを満喫した。

「最初は1泊2000円もしないゲストハウスに住んでいましたが、その後はシェアハウスに移りました。家具がきちんと揃っていて、身軽に移動できるのがシェアハウスのいいところですね」

日本各地を転々としながら執筆で生計を立てていた、と聞く限り、さぞかしバイタリティにあふれた社交的な性格なのだろうと思った。

だが、「内向的で受動的な人間なんです」と、翠さんは取材中何度も口にしていた。休日は布団の中でゴロゴロしながらスマホを眺めている、というところにシンパシーを感じる。

彼女は旅行好きではないが、新しい土地に行きたい、住んでみたい、と衝動に駆られることが多いという。仕事を辞めたり、恋人と別れたりしたタイミングで新天地を求めるそうだ。北海道の次に移り住んだのは長野県。そこで一人の男性と出会い、結婚に至った。

「よく、ピンとくるというじゃないですか。実際、彼に会ったときに〝この人と結婚するな〟という感覚があったんです」

作家物の器で食事を楽しむイベントで出会った彼の第一印象は「変な人」。インドの宗教や哲学の話をするような人で、翠さんは「面白い」と思ったそう。
「当時、私はボロボロのシェアハウスに住んでいたんですが、遊びに来た彼が『日の光が入らないような部屋で暮らしていたらダメだよ』と、自分の家に招き入れてくれたんです。彼は一軒家を借りていたので、付き合うのと同時に同棲を始め、半年後にプロポーズしてくれました」

翠さんは、20歳から36歳までお付き合いをする人が途切れたことがなかった。結婚や子どもを持つことへの憧れはなかったが、ピンときた彼からプロポーズをされ、あれよあれよという間に結婚に進んだという。

結婚前に話をしたのは子どものこと。翠さん自身は無条件に子どもをかわいいと思えないこともあり、「子どもは好きだけれど育てるのは大変だろうから、いらないかな」という彼に同意し、子どもを持たない選択をした。
「仕事を頑張りたいという意識も強かったんですよね。その頃はバイトを掛け持ちしなくても、ライター一本で食べられるようになっていました。彼も仕事が踏ん張りどころだったので、お互い、今は子どもはいらないという考えでした」

入籍したものの、すぐに別居生活に。彼が近距離で単身赴任になったからだ。

「ついていくこともできたのですが、そこは人口1000人くらいの小さな集落。私は暮らしていけるのだろうか……と考えてしまったんです。ライターの仕事はあったけれど、その集落で暮らす私は、彼の『奥さん』でしかない。その状況に私は耐えられるのだろうか、と」

その集落は、翠さんが暮らす市街地から車で片道3時間の距離。お互いの仕事事情を尊重したうえでの、週末にたまに会うくらいの新婚生活だった。

「お互い仕事があり、よく言えば自立していたので、結婚初期の頃は夫婦というよりも同志のような関係だったのかもしれません」

しばらくして彼は独立し、仕事も軌道に乗ったという。その一方で、翠さんは今までにないスランプに陥っていた。

「その頃の私は、取材をして旅行誌に記事をまとめるのが主な仕事でした。でもあるとき、旅行誌って誰が書いても同じなのでは？と思い始めてしまったんです。私は私にしか書けないことを探したかったはずなのに、これは本当に私がやりたかったことなのか、と頭の中でぐるぐる考えるようになりました」

出版社から依頼を受け、自分の言葉で綴るエッセイを書いてみようとするが、筆がなかなか思うように進まず、思い悩んで鬱傾向になってしまったという。そんなとき、年下の男性に出会い、不倫に走る。当時の心境を彼女はこう振り返る。

「まだ20歳くらいの人で、夢と希望に満ちあふれてキラキラして見えたんですよね。それだけで救われた気がして。彼も若いから『翠さんなら、できるよ』と根拠もなく励ましてくれて、そのひとことが心強かったんです」

自分がどうしようもなく弱ったときに、物理的に近くにいる人が救世主に見えることはよくある。

翠さんはしだいに罪悪感に苛まれ、夫に「好きな人がいる」と告白。彼は翠さんを責めるどころか、謝ってきたという。

「そんな翠の状態に気づけないまま放っておいてしまい、本当に悪かった」と。

やり直そうと言ってくれた彼を翠さんが押し切る形で、離婚届に判を押してもらったそう。3年弱の結婚生活だった。

「もう何もかも嫌になり、当時は自暴自棄になっていました。罪悪感もあるし、リセットしたくて離婚をしてもらった感じです。元夫はとても優しい人で、君に何かあったら絶対俺が助けるからねというスタンスでいてくれました。それは、私が不倫をしても変わりませんでした。その半面、私は彼の支えになれていなかったと思います。今振り返ってみると、彼は保護者みたいな感じでしたね」

フリーランスで生計を立て、自分の意思で住む場所を選び続ける翠さんは自立した女性に見えた。パートナーから庇護《ひご》される存在、というのは意外だ。

「私もずっと自立していると思っていたんです。でも、結婚生活の後半で、自分が今まで受動的に生きてきたことや、一人で何かを判断することが意外とできない人間だということに気づきました。特に恋愛においては」

彼女は、仕事上では積極的に球を打ち続ける人間だったが、こと人間関係においてはずっと受け身の姿勢だったという。

「言い方は悪いけれど、レールに次から次へと流れてきた人と付き合って、別れたら次の人、みたいな感じでした。本当におこがましいんですけど、なんとなく付き合って、飽きて別れを切り出したときにほかの人と付き合って……という」

飽きると言えば、住む場所もそうだ。翠さんにとって、同じ場所に住み続けるのは難儀なこと。その代わりに移住のハードルは低いという。

「どこかに行きたい、という願望や衝動は昔から漠然とありました。たぶん、ずっと同じ場所に留まることに価値を感じない人間なんです。ここじゃないと思ったら、じゃあ次、じゃあ次、と転々とすることでリセットしたいんでしょうね。人間関係も同じ。一人の人と長く付き合って、ケンカもしながら関係性を深めていくのが一般的なんでしょうけど、私はそれが得意じゃない。そういう性格なんだと思います。人や場所を変えることが、私にとってのリセット方法なんです」

長野で出会った不倫相手が東京へ移り住んだのをきっかけに、翠さんも上京をした。都内のシェアハウスに住み、細々と仕事を続けたという。

「仕事がうまくいかず、どうかしていたんでしょうね。東京においでよという彼の言葉にホイホイとついていってしまいました」

しかし、離婚が成立すると同時に、その青年との関係も終わらせた。翠さんは、その後も東京に住み続けた。

「古民家を改装した趣のあるシェアハウスで、居心地がよかったんですよね。そこに住みながら通院し、鬱々とした心はだいぶ治りました」

シェアハウスのいいところは、家に必ず誰かがいることだという。

「私はすごく面倒くさがりで出不精なので、友達と遊ぶ約束をするのが苦手だし、遊びに行っても疲れてしまうんです。シェアハウスなら、共用スペースにいる誰かとちょっと話して、疲れたら『部屋に戻るね』と気軽に言える。そういうカジュアルな関係がラクでした」

だが、シェアハウス生活では、転職や同棲を機に短期間で出ていく人も多いという。古民家のシェアハウスでも、入居時にいた7人が1年のうちにどんどん入れ替わり、そのたびに寂しさが胸をかすめた。

「古民家シェアハウスは、1年ほどで出ました。東京でもライターは続けていたのですが、大口で仕事をいただいていたクライアントとの契約が終わり、このままでやっていけないな、と思ったんです。正直、書きたいものもわからなくなっていて、書く気力が出ませんでした。だから生活をやり直そうと、就職して一人暮らしを始めることにしました」

東京でのキャリア転換

Ｗｅｂメディアを運営する会社に就職するも、コロナ禍で打撃を受けて業務内容が大幅に変更され、退職。次に就職した制作会社は、残業が月に１００時間ほどあり、残業代はゼロという超ブラック企業。１年で辞めたが、次の制作会社もほぼ同じ環境だったため、３カ月で退職。

「私には働くスキルがないのかな……と思いました。でも、出版や制作の業界でしか働いたことがないので、30代半ばで違う職種に転職するのは難しいし、できたとしても手取り16万円もらえたらいいような待遇だろう、と。働かないと暮らしていけないので、つなぎとして派遣会社に登録したんです。そうしたら、外資系ＩＴ企業のメディア部門の仕事がすぐに決まりました。正社員ではとても入れないような会社でしたし、そこでライティングの仕事ができているので、今は楽しく働いていています」

20代からフリーランスで働き、転職を繰り返していた翠さん。37歳でうまく方向転換できた理由はどこにあるのだろうか。

「私の履歴書自体は、結構ごちゃごちゃしています。ズラーッといろいろな経歴が並んでいます。今の会社に採用されたポイントとしては、過去の取引先や就職先が出版・広告関連の会社ばかりで一貫性があったからだと思います。フラフラしているようで、ちゃんとキャリアを積んでいる感、と言いますか。フリーランスでも、有名な雑誌で記事を書いていたことは有利に働いたと思いますね。誌名を言えば『あー、あれね』と誰もがわかるところ。それに私、第一印象だけはいいんです（笑）」

彼女との会話は、気持ちいいほどにポンポン弾む。話しやすく、人当たりがいい人という印象は確かにある。知らない土地でゼロから人間関係を築き、気の合う仲間も必ず2～3人はでき、今でも付き合いの続く友人もいるという。

「本当に、私は第一印象だけはいいんです。でも、合わないと思ったらすぐに関係を絶ってしまうし、もちろん相手から切られることもある。学生時代から続いている友人は一人だけです。しかも自分から行動を起こすのが苦手で、能動的にどう動けば楽しくなるのか、いまだにちゃんとわかっていないんです」

22歳で家を出てからの生活ぶりを聞くと、十分に楽しい生活を送っていたように思うが、「自分は幸せじゃない」「幸せに向いていない」という言葉が翠さんとの会話の中にはよく出てきた。

「今の自分の生活を、手放しに幸せとは言えないですね。むしろ、結婚していたときのほうが明らかに幸せでした。結婚したばかりの頃は、ですね。好きな仕事をして、別居婚ではあったけれど優しい旦那さんがいて、本当に幸せだったなと思うんです。でも結局、私はそこに安住できなかった。きっと私は幸せに向いていないんですよ」

「幸せに向いていない」という背景には両親の不仲があるのかもと言いつつ、「親から愛されてはいたので、これは生まれ持った性質でしょうね」と翠さんは小さく笑った。

両親は翠さんが高校を卒業する頃に離婚。その後、翠さんは母親と祖母と一緒に暮らし、22歳で家を出た。たまにLINEでやりとりするくらいの弟は、翠さんの結婚式には出席せず、なぜか翌日に「おめでとう」と言いにやってきたそう。

「不思議な関係なんです。仲はよくも悪くもなく、お互いに興味がないのかな」

実家を出て15年以上たち、祖母は亡くなり母一人で暮らしている。翠さんは北陸の実家に戻る気はないという。ただ、65歳を超えた母親のことは気にかけており、年に1～2回は一緒に旅行をし、定期的に連絡をとっている。

「母は帰ってきてほしいと思っているでしょうね。口には出さないけれど、感じるんです。だけど私は気づかないふりをしています。一緒に暮らす代わりにはならないかもしれないけれど、母が行きたい場所、食べたいものなど願望はすべてかなえてあげたいと思っています」

親の老後問題は避けては通れないが、まだ現実問題としては捉え切れていない状態だという。職も家も転々としてきた翠さんにとっては、親だけでなく、自分自身の今後も見通しが立たない。とはいえ、自分なりの人生プランは思い描いているようだ。

「小さなコーポとかハイツがあるじゃないですか。1棟に4〜6世帯しかないようなアパート。そこで暮らして、1世帯が引っ越したら友人や近所の顔なじみを呼び寄せて、最終的には1棟すべてに知り合いを住まわせる老人ホーム的なものを妄想しています（笑）。老人ホームって、お世話をしてくれる方がいるシェアハウスだと思うんですね。でも、私には老人ホームに入るお金は貯められないので、気の合う人たちと暮らせる場所ができたらいいなと考えています。同じアパートで暮らせなくても、顔見知りの人が何人か近所にいるだけで心強いですね」

近所に住む顔なじみとの、ゆるやかなつながり。理想の老後だ。

その幸せは誰が決めたもの？

ずっと誰かがそばにいたという翠さんだが、今は特定のパートナーはいない。最後にお付き合いをしたのは2年前、36歳のときだ。

「35歳を超えたあたりから、本当に子どもを産まなくていいのだろうかと真剣に考えることが増えました。当時付き合っていた男性は、子どもが欲しい人だったので、お互いが子どもを持つパートナーとして適切なのかを一緒に考えましたね。彼も私も、そうではないという結論に至り、お別れをしました」

これからの長い人生の中で、妻や母親の役割を担えるかと考えたとき、自分は誰かを支える側にはなれないだろうと思ったそうだ。

「彼は愉快な人ではありましたが、偏屈なところもあり、この人と家庭を築くと旧来の『奥さん像』というか、『陰の人』としての役割が求められそうだぞ、という気がしました。ライターとしてすごい人になる、という夢はもう無理だけれど、誰かを支える役回りをしたいわけじゃない。きっと私は、誰かと一緒に何かをし続けるのが根本的に苦手なんです」

翠さんは2枚の絵の話をしてくれた。1枚は、牛丼屋のカウンターで一人で丼をかき込んでいる人の絵、もう1枚は、公園で子ども二人が遊んでいるのを見守るパパとママの絵。どちらが幸せな絵ですか？　と100人に尋ねたら、きっと

98人が後者を選ぶだろう、と。

「私も、公園で遊んでいる家族の絵をさします。脳内ではそちらが幸せな暮らしだと認識している。なのに、その道へ行くのを自ら手放してしまったんです。ようやく幸せの形が多様化してきた今の時代、一人でもいい、子どもがいなくてもいい、同性同士でもいい、と思う人が増えましたよね。それでも、私は頭の中にある漠然とした幸せのイメージを取り除くことができずにいます」

だけど、と翠さんは小さく息を吸った。

「そのイメージに向かって自分は進まなかったのだから、仕方ない。寂しいのは嫌だけど〝寂しい＝不幸せ〟とも私は言い切れなくて。私は『幸せ』のイメージに根っから向いていないのかもしれない。それなら、私は『幸せ』じゃなくてもいいいやっていう気持ちでいます、今は」

自分の中の「幸せ像」に寄りすがるよりも、自分の毛色に合った生き方で暮らしていく決意をした翠さん。

経験、という言葉の危うさ

翠さんは、パートナーや子どものいる女性から「翠の人生は自由でいいいな」と言葉を投げかけられることがしばしばあるという。

「今までの移住の経緯を話したときに、よく言われますね。自分の生活を肯定してほしいのかなと透けて見える人には、『〇〇さんもかわいいいお子さんがいて、うらやましいです』と、思ってもいないことを言ってみたりします（笑）」

その一方、今後もきちんと付き合いを続けたい人からの投げかけには、すべての経験は等しく〝一つずつの経験〟である、という話をするそうだ。

「いろいろなところに住んできたので、経験豊富な人と思われがちですが、私は経験に多い少ない、優劣はないと思っています。私はあちこち渡り歩いて、風習の違う土地で暮らす経験をしたけれど、ずっと同じ場所で暮らしてその土地のことを深く知る経験はしてこなかった。どれも等しく『経験』なのに、どうしても動的な経験のほうが華やかに見えてしまいますよね。結婚も同じで、結婚した経験をするか、結婚しない経験をするか、〝一つの経験〟をした、という意味においては同じなんですよね」

住処を変える、家族をつくる、といった動的な経験は華やかで素晴らしいことに思えるけれど、静的な経験と比べて優劣はない、と彼女は言い切る。

「AかB、二つのうち一つを選ぶ局面でどちらが正解かなんて、やってみないとわからないですよね。仮にAを選んで失敗しても、それは『Bを経験できなかった』というネガティブなものとは限らず、『Aを選んだけど間違えた』という〝一つの経験〟なんです。やる、やらない、結果的に正解だった、間違いだった、というのはすべて同等の価値を持つものだと感じています」

結婚と離婚を経験し、今は一人で過ごす経験をしている翠さん。住むところと仕事はあるものの、ライターとして書きたいものがないと悟ったとき、自分の人生に一つの句点「。」がついた感覚を抱いたという。

「今の生活はラクだけれど退屈。とはいえ、母よりも長生きしたいので、一人で楽しみや趣味を見つけていかないと、と思っています。そこで、最近は今までやってこなかったことにチャレンジしています。動画や映画を見たり、気になっていたレストランに行ったり、サウナに行ったり……。ほかの人がやっているような娯楽やご自愛と呼ばれるものですね」

36歳まではいつも誰かがそばにいて、受動的に楽しみを味わっていたものの、一人になって初めて自分と向き合い、何をすれば楽しいのか、幸せなのかを模索している最中だという。

「乱暴な言い方をすると、結婚したほうが手っ取り早くラクに幸せになれると思います。大変なことも多いけれど、結婚すると受け身でいてもイベントが発生しやすいので。子どもができれば、なおさらでしょう。私は何をすれば楽しいと感じるのか……なんて古代ローマの貴族みたいなことを考える暇はないはず」

それでも今現在は、恋愛には気持ちが向かないという。

「2年前にお別れした彼のことを引きずっているわけではないのですが、あのときは楽しかったと思っているんです。でも彼は子どもを望んでいて、私はよく考えた結果そうではなかった。私だけ考えが変わらず、周りだけどんどん変わっていって取り残された感覚もあるし、でも、周りに迎合したくない気持ちもある。

同世代の男性ってまだ、女の人は料理ができたほうがいいとか、子どもを産むなら早いほうがいいという考えを持っている人が多い気がしていて。そういう人たちから私は敬遠されがちだし、かといって柔軟な考えを持つ今どきの人たちとは年が離れすぎていて、きっと相手にされない。譲れないことが増えていき、年々頑固になっています。だから、相手に合わせてまで恋愛しなくていいかなって」

その〝自分は自分〟と思える強さはどこからやってくるのだろうか。

「他人を意識することもありますよ。20代でバイク雑誌の記事を書いていたときは、あの人よりも私のほうがいい文章を書くのに、なんでこんなに小さい記事なの!?って何度も悔しがりました。ライターの仕事で挫折して、自分は何者にもなれなかったと気づいてしまってからは、センスのいい写真や文章をあげているインフルエンサーを見て、こういう人になりたかったな〜と思うこともありました。人生のなかで、〝うらやましい〟は何度も形を変えてやってくるんです」

かつてはその黒い感情を引きずり、糧にしながら闘っていたというが、今は自分の気持ちが湧き出た水源地を探し、深掘りする面白さがあるという。

「一人になってみて、自分ってなんてちっちゃい人間なんだろうとか、今日余計なこと言っちゃったな〜って考える時間が単純に増えたんですよね。感情の正体や原因を掘っていくのは別に『幸せ』ではないけれど、『楽しい』ではあるんです。面白い、興味深いって言うのかな。いちいち自分と向き合って、今日の気づきを反芻《はんすう》して明日に生かす、みたいな作業を楽しめるようになりましたね」

恋愛から一歩退き、人生を達観しているように思える翠さん。令和の時代でも、結婚だの子どもだの、人のライフコースに口を挟む外野の声はやまない。周囲の雑音に悩まされている人たちに、もしアドバイスをするとしたら、どんな言葉をかけるだろうか。

「周りの意見や考えに違和感を覚えたら、リアルでもネットでもいいので、自分のいる場所を広げたり変えたりすればいい。本や映画でもいいですね。さまざまな考えに触れて、自分に合っていそうな場所を深掘りしてみる感じです。私は、そのときどきでリセットするために、あちこち転々として、今は居心地のいい場所を見つけました。もちろん、それはあくまで今現在であって、明日には変わるかもしれませんけど」

「周りがこう言っているから」「周りの目が気になるから」——この〝周り〟は今いる場所の周囲であって、いくらでも違う〝周り〟の集団は存在する。どうしても雑音に惑うようなら、今の自分と合う周りを自分の足で探し出すしかない。

「結婚や出産をすることで必ず幸せになれると思っているのなら、そんなことはないし、期待しないほうがいい。何のために結婚するのか、子どもを持つのかを考え直したほうがいいですね。特に子どもは、産んだ人の所有物ではなく、一人の人間だから、自分が幸せになるための手段として産もうとするのは違うなって私は思います」


彼女がこれまでの分岐点を振り返って思うのは、「後悔しない選択をするのは至難の業。選択したほうを正解にしていくのだって難しい」ということだという。もちろん離婚しないほうがいいけれど、結婚して無理だと思ったら別れればいい、ほかの場所に住みたいと思ったら住んでみたらいい。やってみてダメでも人生はそう簡単にゲームオーバーにはならない。

「ただね、違和感っていうのは当たります。30年くらい生きていれば、誰でも危険を察知する能力というか、レーダーの精度は上がっているはずなので、そこは自分の違和感レーダーを信じていいと思います」

最後にもう一つ、迷ったときの選択基準を教えてくれた。

「パートナー選びに限らず、職場や住む場所にも共通すると思いますが、この人といるときの自分が好きと思える感覚は大事にしてほしい。それは『自然体でいられる』こととは少し違うんです。私の場合で言うと、『自然体』は布団の中でインスタやX（旧Twitter）をだらだら見ている状態であって、その私は別に好きじゃない。しょうもないな〜って思っているから（笑）。嫌いな自分でいる時間より、好きな自分でいる時間が長いほうが人生は豊かになるし、楽しいじゃないですか。そのためにも、自分と向き合って深掘りする時間って大切なんだなと、38歳になって初めて思っています」

世界はそれを幸せと呼ぶんだぜ。私はそこに身を置かないけど

一人旅が好きだ。といってもバックパック一つで世界を回ったわけではない。ドンキで調達したどでかいスーツケースをゴロゴロ転がして、アジアやアメリカ、ヨーロッパの大きな街に滞在しただけだ。

「自分探しの旅ってやつ?」大学生の頃、何度か聞かれたことがある。ときに半笑いで。

気恥ずかしいので表では否定しながらも、そうか、私は異国の地でまだ見ぬ自分を探しているのかも、と少しいい気になった。

異郷の空港に降り立ち、外気に触れると、カチカチッと感性のギアが上がっていくのを感じる。心細さと興奮に包まれながら街を遊歩し、私が私じゃないよう

な、でもやっぱり私のままのような、そんな奇妙な感覚に包まれる。

旅先では、新しい自分とやらに出会うために、わざと少しだけ危ない目に遭おうとしたり、拙《つたな》い英語でおしゃべりを試みたりした。

明け方4時、車で宿まで送ってくれたNYのクラブのクロークのにいちゃん、びた一文たりともまけてくれなかったパリの骨董品店のおばあちゃん、年に一度世界のどこかでパートナーと落ち合うという南米出身のカメラマンのお姉さん、雑魚寝エアビーの部屋で仕切りのすだれを直してくれたハガレン好きのフィリピン人の男の子、愛と命とベルリンの家賃の高騰ぶりについて説いてくれた服屋のオーナーのおばさん、すね毛なんて剃《そ》らなくていいのよとズボンをまくし上げて見せてくれたクロアチアの女子4人組……。たくさんの愉快な人たちに会って、瞬《まばた》きをするのが惜しいような景色にも出くわした。

でもどうしても、「価値観が変わった」「新たな自分を見つけた」感覚など持てなかった。せいぜい、自分の冒険レベルの天井を思い知っただけだった。

渡航制限が緩和されて以来、初めての旅先はバンコクだった。たまたまバンコクに駐在していた二人の女性の知り合いがいたので、丸一日、観光に付き合ってもらった。二人は同じフロアで働く同僚だ。一人の先輩は30代前半で、歴史とタイ料理が大好き。毎週のように各地の寺院を回り、とても充実していそうだった。もう一人の先輩は40歳を目前に、親からお見合いの話を持ちかけられるのも、管理職になるのも嫌で、どこでもいいからと海外駐在を志願したらしい。40歳の記念に勢いでバーキン買っちゃった、もちろん中古だけどね、と涼しげに笑う先輩の笑顔があまりにキラキラしていたので、聞いてみた。

「タイに住んでみて、何か自分に変化はありましたか?」

開放的になった、度胸がついた、細かいことが気にならなくなった、心が軽やかになった――そんな回答を私は待っていた。

「逆かな。ここに長く住むほど、変わらない自分を確かめられる感じ。そうそう、やっぱり私ってこうだよな~って」

彼女の言葉は、私の構えていたミットのはるか上を超えていった。

そうだ。違うものたちにまざり、囲まれると、自分と世界を隔てる線が濃くなるのだった。好み、嫌悪、限界、道徳観……。自分の中で無意識に行われていた営みが、浮き彫りになり、目の前に立ち上《のぼ》る。

新しい自分に出会えるわけもなく、ただ今ここにいる自分の性質を強烈な光で照らし出すのが旅であり、異国だった。

翠さんは、恐ろしいほどに自分の質《たち》を心得ているように思えた。それは住むところや同居人、仕事をハイスピードで変えてきたからなのか。いや、その特徴自体が彼女の性質なのか。

「受動的に生きてきた」と翠さんは繰り返した。目的地にピンを打ち、最短ルートで進みたい人もいれば、直感で電車やバスを乗り継いで身を運びたい人もいる。後者は決して〝受動的〟なのではなく、そのときどきの自分のふるいに「今」をかけて、上に残ったものたちを選んでいるとも言える。

彼女が大事にしている「向き・不向き」や「違和感」は、最大限粗くした自分だけの網だ。個性とも言い換えられる。

現代において個性は尊重されるべきもので、ときに「私らしさ」と訳される。人々はそれをキャリアやライフスタイルに結びつけ、肯定的に語りたがる。かつての私のように個性がないと嘆いて、唯一無二の「私らしさ」を探し求める人も少なくない。

だが本来、個性にはよいも悪いもない。賞賛されるものでも卑められるものでもない。

個性とは「私らしさ」という喜ばしいものではなく、何度こすっても消えない生来のあざのようなものだ。爪の形や指紋のようなものだ。いつの間にかここにあって、逃げられなくて。己の特性だと受け入れて死ぬまで一緒にやっていかなければいけない。

翠さんは自分の個性を無理に評価せず、言語化せず、ただ個性そのものとして受け止めている。新しい自分も、本当の自分も探すことなく。

囲碁や将棋の世界で、思いも寄らない奇抜な一手を「鬼手《きしゅ》」と呼ぶ。

「私にとって〝幸せ〟というもの自体がマス（大衆）の考えによる言葉のような気がしていて。だったら私は幸せじゃなくてもいいや、と思っています」

最初、DMでやりとりをしていた翠さんからもらったこの文字列は、まさに私にとっての鬼手だった。彼女は「幸せ」の概念と自分自身の〝相容《あいい》れなさ〟から話を始めたのだった。

何だよそれ……そんなのアリ？と、目がチカチカしてよろめきそうになった。

翠さんから直に話を伺うまでは、彼女の言葉が強がりにも思えて、どうしても腹落ちしなかったが、ようやく理解できたような気がする。

彼女は透徹したまなざしで自分の個性を見つめている。私きっと、この生き方しかダメなんです、と語るてらいのなささにまぶしささえ感じた。

浮き草のような彼女の生き方。

そこに自由を見る人もいれば、寂しいと感じる人も、強いと感じる人もいるだろう。

「幸せか不幸か」「幸せに見えるかどうか」はどうでもいい。翠さんは、そのときどきの自分の水が合う土地に住み、肌に合う暮らしを選んで生きているだけなのだ。

翠さんは、「幸せ」なんぞに自分の人生を譲り渡さないだけなのだ。

CASE 6

不妊治療の末に つかんだ 「私の核」の肌触り

桜さん（46歳）

桜さんの人生年表

25歳　大学院卒業

28歳　結婚

32歳　不妊治療開始

34歳　治療をやめて仕事に打ち込む

37歳　転職後、体調を崩す

40歳　マダネプロジェクトに参加

「いわゆる普通の家庭」で育った私

子どものいない女性の生き方に光を当て、応援する「マダネ プロジェクト」を経由して、一人の女性に取材をあおいだ。

「生涯未婚率（50歳時点で結婚歴がない人の割合）」という言葉はよく耳にするようになったが、「生涯無子率（50歳時点で子どもを持たない女性の割合）」という言葉には、まだ耳なじみがないだろう。OECD（経済協力開発機構）が発表した「世界各国のチャイルドレス」統計によると、日本の生涯無子率は27％と先進国の中でも群を抜いて高い数字となっている（※1）。

それにもかかわらず、子を持たない人の人生について語られる機会は、まだ多くない。

（なお選択的に子どもを持たない人のことを「チャイルドフリー」と呼び、「#childfree」「#childfreebychoice」というハッシュタグのついた動画投稿が欧米圏の女性の間で急増している）

凛《りん》としたまっすぐな姿勢と穏やかな笑みが印象的な桜さんは、自身の性格について語るときに何度か「面倒くさがり」という言葉を使った。

「しっかりしている、人当たりがいいと人からは言われますが、それは人見知りを隠すために愛想がよくなっただけです。心配性のくせに、一方で面倒くさがり屋なのでバランスがとれているかもしれません」

桜さんは、30代後半に体調を崩し、休職期間を挟んでから、非常勤で復帰。今は週3で働きながら、休日はピアノや読書を楽しんだり、女性支援や地域の文化財保存活動などに勤《いそ》しんだりしている。夫と旅行にも行くが、基本的に一人の時間が好きで、インドアライフを存分に楽しめる性格だ。

桜さんの育った家は、「いわゆる普通の家庭」だという。勤め人の父と専業主婦の母、兄との4人家族で、家族仲は昔から良好なほうだった。

「ただ、お正月や法事に親戚で集まって、いとこ同士で遊ぶ際にかすかな違和感はありました。普段会わない人たちなのに、どうして血がつながっているだけで仲よくしなきゃいけないんだろうって。兄とは気が合わなかったし今も疎遠ぎみなので、家族とはこうあらねば、のような家族像は薄かったですね」

中高一貫校を卒業後、女子大に入学し、新歓で惚《ほ》れ込んだインカレの競技ダンス部に入部した。競技ダンスとは、社交ダンスを競技化したもので、男女二人一組で技術や芸術点を競い合うスポーツだ。華やかで情熱的な舞台の裏には、毎日の激しい練習と厳しい上下関係があると聞いたことがある。

「今思うと、競技ダンスの世界ってすごく男尊女卑なんです。男性をリーダー、女性をパートナーと呼ぶんです。部活内でも男性が偉い雰囲気はありました。競技とはいえカップルになるし、恋愛沙汰も起こるし、三面記事並みのドロドロでした（笑）。私は幸か不幸か巻き込まれなかったけど、コミュニティ内で女性の地位が低いことや女性が受ける理不尽さへのもやもやはありました」

桜さんは、大学生活はどっぷりと部活に打ち込み、1年の浪人生活を経て大学院に進み、資格を取得した。そして高校生の頃から希望していた、医療・福祉系の仕事に就いた。

不妊治療にまつわる重苦

社会に出てから2～3年の間、桜さんは仕事に打ち込み、生活は仕事一色だった。「干からびた生活」と形容しながらも、仕事にやりがいは感じていたという。

一方、自分は結婚したほうがいい、という強い確信があった。

「周りには独身の女性も多く、結婚しない道も選択肢にはありましたが、自分は早いうちに結婚したほうがいいと10代の頃から思っていました。末っ子でわがままに育ってきたこともあり、一人で暮らしていくとものすごく独りよがりな人間になりそうだな、という自覚があったので。だから他人と暮らしたほうがいいだろうなと。また、私の仕事は高学歴ワーキングプアの典型で、当時は収入的にも不安定。結婚して経済的不安を解消したい、という下心もありましたね」

桜さんは20代後半に入ったあたりで、世話好きな年上の友人から一人の男性を紹介される。よく平成初期のドラマに出てくるような、恋愛の橋渡しをしてくれるおせっかいおばさんだ。

温厚篤実な彼との間に居心地のよさを感じた桜さんは交際を始め、トントン拍子で結婚に至った。

二人の結婚生活は穏やかに流れたが、桜さんは30代に入って一つの危機感を抱いたという。

「子どもは欲しいと思いながら焦ってはいませんでした。ただ30代に入り、同じ頃に結婚した友人たちに次々と子どもができたんです。自分に何か大きな問題があるのでは？　と不安になり、不妊治療について調べ始めました。一度調べると止まらない性格なので、ここから私の迷走が始まりました」

自分の体の異常を調べようと、桜さんはすぐに情報を集めて病院に駆け込んだ。桜さんが通院を始めた15年ほど前は、不妊治療がメディアで取り上げられ始め、メジャーになった頃だった。

ただ、夫との間に妊娠や子どもに関する話題はあまり出ず、夫は「いつか自然にできれば」のスタンスだったという。

32歳から婦人科に通うようになり、検査を進めたが、桜さんの妊孕性《にんようせい》に関する問題は認められなかった。

「検査が終わったあと、医師から説明を受けました。今後は夫の検査、その後に人工授精、体外受精に移って……と話が進み、もう受け止め切れなくなったんです。〝そこまでして産まなきゃいけないの？〟と、自分が大きな何かにのみ込まれたような感じでした」

体外受精や顕微授精などの生殖医療の領域が発展したのは、ここ40年ほどの話だ。世界初の体外受精児は1978年、桜さんが生まれた翌年だ。その間、生殖や生命への医療技術の介入に関する議論は続き、各国で法整備がなされてきた。

桜さんは、医師から淡々と説明される今後の治療ステップを聞いて、正直げっそりしたという。卵管検査だけでも相当な痛みを伴う。いつ終わるかわからない痛みや負担を負い続けてまで、子どもを産まなければいけないのか。

気持ち的に通院を続けるのはきついな、と思っていたところで子宮にポリープが見つかり、とったほうが妊娠率が上がると言われたため手術をしたが、妊娠には至らなかった。

「高度な不妊治療に関して、治療自体を否定するわけではないのですが、自分がすることには強い抵抗がありました。なにがなんでも子どもが欲しいのか、そこまでしてつくって産んだ子どもに何かあったり、子どもとの関係にいろいろ問題が生じたとして、私はそれを引き受けられるのだろうか、と」

人工授精や体外受精など、タイミング法の次のステップに進むことにどうしても抵抗があり、腰が引けてしまったという桜さん。子どもを持ちたいという願望はどれほど強いものだったのだろうか。

「一人の人間が育っていく過程を見たい、と単純に思っていました。家の中の人数が増えたら楽しいだろうな、子どもがいたら想像していないようなことが人生に起こるんじゃないかなっていう期待がありました。でもそれくらいかな。マダネプロジェクトでは、『子どもがいたら、こんなことをしてあげたかった』という話も聞きますが、生まれてくる子どもの人生をデザインしてあげたいという思いは特になかったですね」

一方、彼女は積極的に治療をして新たな命をつくることへの葛藤も口にした。

「治療をしてまで、こんな世の中に産んじゃっていいのかなという気持ちはありました。子どもに『なんで産んだんだ!』と言われたとき、治療をして産んでいたら、ウッてなるから。自然妊娠だったら、『生まれちゃったからしょうがない、人生頑張ろう』って子どもに言えるけど」

〝こんな世の中〟とはどのようなものだろうか。

桜さんは育てていくうえでのプレッシャーについていくつか話してくれた。

まず教育や進路の選択肢の増加により、誰にとっても自分の道を選びとっていく負担が増大したこと。桜さんの学生時代は、大学を出て、就職して、結婚して、という一本道が見通しよく描けていたという。たとえそのとおりにならなくても、自分の将来についての予測が容易にできたのだ。

また、この先の日本社会の構造を考えると、いい未来が想像できないこと。環境問題や世界情勢、政治の問題を踏まえても、暗い未来しか浮かばないこと。

あらかじめ描く未来が明るい中で生きていくのと、暗い中で生きていくのとでは、たとえ同じようにその先が暗かったとしても、まったく違うのではないかと思っていた、という。

待ち受ける未来にかかわらず、本人が幸せに生きられるように育てる、というスタンスで妊娠に臨む人もなかにはいるだろう。だがその実感や判断の具合は、人によってあまりに違う。

「〝絶対〟なんてないのでは、と思っています。治療を通じての妊娠は『子どもができる』というより『子どもをつくる』感覚に近い気がします。40歳あたりで、たまたま不妊治療の専門書を読んだとき、卵子をとって針で刺して……というリアルな図解を見たときに、ひいっとなりました。私にこれはできないな、と。胃カメラがどうしても苦手なのと同じですかね」

子どもをつくる以上、その子の未来に〝絶対〟などないことを引き受けなければいけない。

桜さんは通院を断念したものの、後悔に近い複雑な気持ちを抱いたという。

「あらゆる手段を試さなかった自分は周りから非難されるのでは、と怖くもありました。当時の私は、どうしても高度な不妊治療に踏み切れない自分をダメ人間だと思っていましたね」

実際に、中学からの独身の友人に「結婚していて、経済的な問題もないのに子どもを持つ努力をしないのは間違っている」と糾弾されたこともあったそう。

当時、たびたびの検査で摩耗していた桜さんの心を砕くには、十分に理不尽な言葉だった。

そこから逃げるように、桜さんは仕事に没頭した。そして30代後半、職場で子どもの有無にまつわるハラスメントを受けることになる。

「あなたは子どもがいないから子どもに関する案件は難しいよね」と業務から外されたり、結婚したばかりの女性から「今度不妊治療に行くんだけど、あなたはどうして不妊治療してないの?」と詮索されたりしたという。

職場の人間関係でダメージを受ける中、桜さんのプライベートなことを根掘り葉掘り聞いてくる女性が懐妊したことを知った。桜さんが37歳のときだった。

「もうダメだ、この人が出産して復帰したら私は四面楚歌《しめんそか》になる、と思って会社を辞めてしまいました。30代は、とにかく子どもについてのプレッシャーや自身の葛藤に悩んだ時期でした」

その相手には明確な悪意があったのだろうか。それとも悪意なき無神経な横やりだったのだろうか。

「彼女は私と同じ年齢で、仕事のスタイルが正反対だったこともあり、ライバル視されていたように思います。でも、家に招待されたこともあり、私と仲よくなりたがっているのかな、とも感じたので邪険にできなかった。100%悪意だったらラクだったんですけどね」

距離感を見誤る悪意なき他者は一番タチが悪い。

職場での無神経な詮索とハードワークの影響か、桜さんは転職後、一気に体調を崩したという。

夫は優しい、けれど当事者ではない

夫とは毎日のように朝食と夕食を共にし、一緒に旅行するほど今も親密な仲だというが、不妊治療に関する夫の意見や関与はどうだったのだろうか。

「夫は放任主義。悪く言えば鈍感。子どもは自然に任せよう、仕事に集中したいなら頑張ればいいよって」

夫の不妊検査はしなかったという。通院を始めた当初、夫は「そこまでしなくてもいいんじゃないかな」と彼女に声をかけてくれた。

桜さんが34歳で通院をやめたときも、夫と深く対話をしたわけではなかった。

「君が通院をやめたいなら無理しなくて通わなくていいよって他人事でした。圧倒的に女性のほうが通院回数が多いし、負担も大きいので。寛大な分、同時に他人事でした」

寛容だけれど当事者ではない夫。桜さんの葛藤は夫に気づかれぬまま、時間が過ぎた。

夫に相談せず、精神的なサポートを頼らなかった理由はどこにあるのか。

「そうなんですよね……。それは、今も思います。相談してもわからないだろうって思ってしまったんですよ。マダネプロジェクトの参加者あるあるだと思うのですが、子どもができない葛藤というものは、人に話してはいけない、自分一人で抱えないといけないもの、と思い込んでいて。夫は男性だからわからない、ほかの女性もどうせ自分とは違う人間だし、たとえ話をしても私のことを理解できないだろう、と」


37歳で体調を崩し、重度のめまいに悩まされた桜さんは、かかりつけの病院で難病を疑われ、専門医を紹介された。検査を進める中でその疑いは晴れ、体の不調は「バーンアウト（燃え尽き症候群）」と診断された。鬱になりかけていた状態だったという。そこで夫は、ようやく桜さんの変化や心情に敏感になった。

「もう働かなくていい、生きているだけでいい」と、けなげに桜さんの体のケアを続けた夫。桜さんの体の不調に向き合いながら、夫は徐々に彼女の抱えてきた苦悩に気づいていったという。

「同時に私も、『いくら家族の間でも言葉にしなきゃわからないな』と当たり前のことを思い出したんです」

「不妊治療の通院をやめてからしばらくの間、自然妊娠を望んではいましたが、特に夫と膝をつき合わせて子どもや不妊治療の話をすることはなかったので」

桜さんはマダネ プロジェクトの主宰者・くどうみやこさんのインタビュー記事をきっかけに、プロジェクトの存在を知った。子どもがいない者同士で悲観的に固まるのではなく、自分たちの思いを客観視しながら前向きな生き方を模索するくどうさんのニュートラルな姿勢に惹《ひ》かれ、コロナ禍で開かれたオンラインの会合に参加したという。

「マダネに参加するまで、自分と同じように思っている人なんているんだろうか、と思っていました。いろいろな立場の、いろいろな人の苦悩や、それを克服した過程について話を聞いたのが救いになった気がします。もともと子どもが欲しくなかった人も参加していて、そういう方々の話を聞けたのも、自分の気持ちの整理に役に立ちました」

くどうみやこさんいわく、マダネ プロジェクトに参加した人たちの声として「初めて同じ惑星の生き物に出会った！」という痛烈な共鳴があるという。

妊娠・出産にまつわる自身の葛藤を夫に打ち明けたのは、桜さんがマダネ プロジェクトに参加するようになって3年目、43歳のときだった。

「マダネ プロジェクトのアシスタントを任されたんです。それまでは、子どもを産めなかったことを気にしていると気づかれるのが嫌で、〝子を持たない女性たちの会〟に参加していることは夫に隠していました。オンラインの会合のときも、仕事の打ち合わせがあるから家をあけてくれ、なんて嘘をついて頼んだりして。正式にアシスタントを任されて、一つのけじめとして夫に伝えておこうと思い、マダネに参加していたことを話しました。そこで初めて『子どもは、いてもいなくてもいいいね』って話を二人でしたんです」

昔の自分にかけてあげたい言葉を尋ねると、桜さんは静かに、自分の意思を一番大事にすること、と教えてくれた。

「体調を崩したときに『仕事辞めろって早く言ってほしかった』と夫を責めてしまったのですが、本当は自分が自分にその言葉をかけてあげればよかった。職場がつらかった時期、仕事を辞めて不妊治療に専念する道も考えました。でも、仕事を辞めると自分には何もなくなってしまうと思い込んで、辞められなかったんです。もし治療に専念して子どもができなかったら、自分には何も残らないんじゃないか、と」

不妊治療を経験した女性のうち約4割が仕事と治療を両立できず、離職や雇用形態の変更、もしくは治療の断念を余儀なくされるのが現状だ（※2）。

その背景には、通院回数の多さ、精神面での負担の大きさ、前もって受診日を決められない日程調整の難しさがある。

「『仕事、嫌なんだったら辞めちゃえば』って、あの頃の自分に言ってあげたい」

仕事を辞めてはいけないと自分に強いていたところがあった、と桜さんは当時を冷静に振り返る。

そう、自分が今一番欲しい言葉は、自分がよくわかっている。ただ、それを自分にかけてあげることも、しんどい気持ちを自分に許してあげることも、これまでに積み上げてきたものが多いほど難しいのが現実だ。

双方のご両親から子どもに関する干渉はなかったのだろうか。義父は孫をかわいがるじいじの自分を思い描いていたため、義理の兄夫婦に子どもが産まれるまでは、多少プレッシャーを受けたという。一方、桜さんのご両親は「仕事はほどほどにして」とは言っていたものの、子どもについて何か言うことはなかったそうだ。

「この話をすると泣けてきちゃうんですけどね」と桜さんはバッグから取り出した生成り色のハンカチをそっと目に当てた。

「一度だけ、孫が産めなくてごめんなさいと謝ったことがあるんです。母は『孫がいても大変だしね』と明るく流してくれたのですが、父は『今が幸せだから、孫が欲しいと思ったことはないよ』と言ってくれて」

彼女の周りには、45歳で体外受精により出産した人もいるが、桜さんはそんなケースを見聞きするたびに複雑な気持ちになるという。

「もう40代で諦められると思ったのに、45歳でまだ産めることが証明されてしまうと苦しいですね。『〇〇さんは45歳で産んだから、あなたもまだ産めるわよ』と言われたり」

自分がケリをつけようとしても、周りが許してくれない。周りから無用な励ましをもらうたびに、圧が引き伸ばされてうんざりするという。

「治療はしない」という選択を自分のものにしていった過程

高度な不妊治療はしないという過去の選択を、彼女はどのように自分のものにしていったのだろうか。

「子どもがいない人あるあるですが、私も老後の不安は強かったんです。でも、あるときふっと気づいた。友達は簡単に増やせるものではないけど、ゆるいつながりの顔見知りをいっぱい増やしていけばいいじゃないか、と。何歳で死ぬかなんて決められないので、とにかく自分が心地よく生きられればいいやって」

桜さんはこの心地よい人間関係を築くことを〝他人に欲望しない〟と表現した。未来の自分がどう思うかは決してわからないため、人間関係も、仕事のリタイアの時期も、定年後の生活も特に決めてはいないという。

「未来の自分がどう思うかは、本当にわからない。今自分がどうしたいかを感じとるようにしたほうがいい。自分への信頼みたいなもの」

桜さんが力強く加えた最後のひと言は、私の胸に鮮烈に響いた。

〝今の自分〟の感受性への信頼。これは、靄《もや》がかかった「未来の自分」と、「今の自分」の間で板挟みになり、逆算思考に苦しむ私たちが、つい置き去りにしてしまうものだ。桜さんは淡々と話してくれた。

「未来の自分の感情を心配するより、今の自分を大切にしたほうがいいかな、と。

子どもができなくて悩んでいたときに、仕事を辞めていればよかった、と後悔したことは何度もあったけれど、そのときの自分はそうしなかったから仕方ない、と今思えるようになったんです。今の生活に不満はないし、別に不幸じゃない。多少悔やむところはあるかもしれないけれど」

桜さんの「幸せな状態」とはどのようなものだろうか。桜さんの語り口や佇《たたず》まいからは、〝幸せに見られたい〟とか〝幸せな自分はこうあるべき〟という強いプレッシャーは感じられない。どうすればその境地に至れるのだろうか。

「それを聞いて、ほっとしました。20～30代は周りから幸せに見られたかったけど、本来の私はすごく面倒くさがりな人間なんです。すぐ『まあいいや』って思うんです。幸せだなって感じる瞬間はたくさんあって、それはミニマムな瞬間です。コーヒーが大好きなんですけど、家でコーヒーをいれて、お菓子を食べて、本を読んでいるときが一番幸せ。安上がりな自分上等、くらいに思ってます。私こんなに簡単に幸せになれる人間でよかった、と」

西日の差し込むキッチンで、丁寧にコーヒーをいれている桜さんの様子が目に浮かぶようだった。では、社会に規定されたマジョリティの〝幸せ像〟に振り回されそうになったときは、どう考えてみるといいのだろうか。

「『あなたはそうなんですね』と思うことですね。人をうらやむことは20代の頃はたくさんありました。持っている人は本当にいろいろなものを持っているじゃないですか。子どもがいなくてもどうでもいいや、と思えるきっかけは、やはり父の言葉でした。父からの言葉で、ないものに関して考えても仕方ないじゃん、と心から思えたんです。あるものについて考えればいいや、と思って心が晴れました。人が持っていても、自分にないものは関係ない。今の私にはこれがあるし、と感じています」

そこに至るまでは相当な思考のプロセスが必要だろう。自分になくても、無理をすれば手が届くかも、と何度も手を伸ばしてみたくなる。自分に今ないものを潔く諦めるのは、とても難しい。

「可能性があるうちは、難しいと思います。逆に20代でそんなに達観していたら心配です。もっとガツガツしろってなりますよ（笑）。年齢が上がることでラクになっていくので、年をとるっていいなあと最近は思います。私の性格的に、40代ってとっても居心地がいいんです。周りの先輩方を見ていても、年をとる中で脱ぎ捨てていくんだなって思います」

自分にいらなかった欲や見栄を一枚一枚脱いでいく。そんな年の重ね方ができるなら、年をとるのも悪くなさそうだ。

鷹揚《おうよう》にほほえむ桜さんに、不安を払拭する方法について尋ねてみた。

「今できることは何か、と考えるんです。過去に関する後悔は変えられないし、未来の自分の気持ちもどうせ確証がないので、今手をつけられるのは何か、から見つけてコツコツやっていく。手も足も出ないことが一番不安をあおるので、今やりたいことや今できることを見つけて、行動に移すことで不安は減っていくんじゃないかと思います」

大事な局面において、二つの選択肢を天秤にかけるときの思考プロセスについても教えてくれた。

「これは消極的なやり方ですが……嫌な感じがないほうにする、というのが大事だと思います。細かくシミュレーションするのではなく、身体感覚的にウッとなるほうを選ばない」

人生における英断とは、こね回した理屈の先ではなく、案外自分の心や体の素直な反応の近くにあるのかもしれない。

では、天秤の皿にのせた二つが、どちらも胸ときめくような選択肢だった場合はどうだろうか。

桜さんは「あきれられるかもしれませんが」と朗らかに笑って前置きしながら「ラクなほうですね」と即答してくれた。

それは彼女自身が、自分を追い込んでも力を発揮するタイプの人間ではない、と自分の性質を理解しているからだという。

私たちは生きながら、心や体の作用をいやが応でも経験している。その過程の中で、自分の特性や習性というものが徐々に姿を立ち現わす。

「そういう意味でも、自分がどの位置にいれば一番力を発揮できるのか、データが積み重なる分、年齢を重ねるのはいいことですね」

マダネプロジェクトは定期的に、子どものいない女性（背景や理由は問わない）たちが集まり、本音を話し合う交流会を開催している。

募集をかけると数時間で満席になってしまうことからも需要の高さが伺えるが、現状の運営はすべて参加費＋ボランティアでまかなっており、協賛を募っても「子どものいない人をサポートですか……」「子どもがいない女性のつらさにピンとこないため協力はなかなか難しいです」と言葉を濁されることが多いという。プロジェクト参加者の抱える事情や背景は一人ひとり異なり、人の痛みに色はつけられないから、難しい。

主宰者のくどうみやこさんは多数の取材を受けてきたものの、媒体企業の上層部の意向で立ち消えた企画もあるそうだ。

人口減少の流れも相まって、ママを応援するプロジェクトや子育て支援事業の助成金はよく見聞きするようになった。だが自治体や企業にとって、子なし女性の活動を表立って支援するハードルはまだ高い。

たとえ子どものいない女性の痛みが子あり女性のそれとは質の違うものであったとしても、どちらか一方だけの痛みに寄り添い、片方の痛みをあえて可視化しないような社会の空気は、結局、全員の生きづらさを助長するものになっていないだろうか。

それは本来生まれるべき新たな視点や議論を、見えなくさせてしまっている気がするのだ。

※1　2020年時点で1970年生まれの50歳の統計。

※2　平成29年度「不妊治療と仕事の両立に係る諸問題についての総合的調査研究事業」（厚生労働省）

Jealousy kurumi's Voice

わたしの肉体の声を聴け

人間ドックを初めて受けた。

そのメインディッシュでもある胃カメラは相当きつい、との前情報を仕入れていた私は、口ではなく鼻からカメラを通せる病院を探して予約した。

胃カメラのつらさのクライマックスは、カメラの管（スコープ）が舌の付け根に触れるときだという。経鼻の胃カメラの場合は、カメラを舌に触れさせずに胃まで通せるため、嘔吐《おうと》反射が起こりにくいと言われている。

経鼻胃カメラの予約に成功した私は、まあ大丈夫だろう、とあまり気負いをせずに人間ドックの日を迎えた。

まずは胃カメラの準備段階として、麻酔薬を含んだゼリーを鼻から吸い上げる。

麻酔がきき、鼻の内側や喉の感覚がなくなったところで、検査を開始する。

いざ出陣、と個室を開けると、医師と看護師さん二人が無表情でスタンバイしていた。今日だけで何十人もの胃を見てきたのだろう。手が汗ばむのを感じながら「胃カメラ、初めてで」としおらしい声を出したが、涙声は宙に消え、私は言われるがまま横になった。

鼻から入れていきますね、と医師がおもむろにスコープを取り出した。それは、直径2センチの棒に見えた。

嘘だろ、と思った。

あとで調べると直径はたったの6ミリ程度だったが、水揚げされた魚のごとく手も足も出ない私には、到底鼻に入るはずのない、ぶっとい棒に見えたのだ。

医師は無慈悲にも鼻に棒を押し込み続け、私はすぐにパニック状態になった。苦しくて気持ち悪くて、息ができなくなったのだ。麻酔のせいか、外の冷たい空気が喉を通る感覚も失われていた。

「息、息できない……」と泣きながら喘鳴《ぜんめい》をもらす私に、看護師さんが「口でゆっくり吸って吐いてね〜」と呼吸の方法をレクチャーしてくれた。

万が一、ここで失神しても医師が助けてくれるだろう、とひとさじの安心感を握り締めて、私はひたすらに、えずきを繰り返した。大丈夫、死なない、と心で何度もつぶやいた。

麻酔がきいているはずなのに、なぜか痛かった。「痛めつけられている」感じがした。私の体が、全身をあげて異物を拒絶しており、痛覚以外に痛みを感じとってしまう肉体の感受性を呪った。

ノンストップの嘔吐反射によりおなかと背中が引きつり、大量のよだれと涙で顔と髪が濡れるのを感じ、こんなに惨めな姿になって人間の尊厳を失ってまで一体何を検査されているのだろう、と自身に同情すら覚えた。

やがて、時間の経過にさえ耐えればこの苦痛が過ぎ去るのだと気づいた私は、自分の体を、空気の循環のみを行う無機質な箱だと思い込むようにした。吸って、吐いて、に集中することで、喉や内臓の不快感から気を紛らわす試みだ。

瞑想や武道の修行において〝呼吸〟が重視されるゆえんを体で知った気がした。

そうして、「初めての胃カメラ」は、涙あり、鼻水あり、よだれありのぐちゃぐちゃのまま幕を閉じた。人間ドックが終わり病院を出てからも、鼻や喉の感覚が戻るまでは自分がきちんと呼吸できているのか不安になった。

そこから、胃カメラが怖くて受けられない。体がどうしても拒否するのだ。

その翌年も人間ドックを受けたが、胃カメラの項目はスキップした。当日受付でも「内視鏡検査はなしでいいですか」と確認されたが、そのリスクについて思考を巡らせる前に、「はい」と自動的に答えてしまう私がいた。

「スキップしたせいで胃がんやポリープを見逃してしまったら」という理性を軽々と超えて、不快感や体の忌まわしい記憶が呼び起こされたのだった。

強烈な知覚体験や、身体的な記憶には、すさまじい力がある。

普段どんなに複雑なことを考えているつもりでも、目的志向で動いていたとしても、体の違和感や嫌悪感、拒否感に勝るものはない。

気持ちいい、おいしいなどの「快」の感覚は、世界と一体になったような気を起こすが、「不快」の感覚はとことん私を孤独にする。私と外界との連結をぶち切って、私の感じうる世界はこの身ひとつ分だけなのだと私に痛感させる。

胃カメラに蹂躙《じゅうりん》されていたあの時間、私の世界からは言葉や物語がはがされていき、一人丸腰で何かと闘わされている気分だった。自分の感覚だけが本物で、この苦痛はほかの誰とも共有できないという当たり前の恐ろしい事実だけで胸がいっぱいになった。

桜さんの話を聞いて、改めて女性の体を使う「妊娠・出産」と、そこにまつわる医療の生々しさを感じた。胃カメラの苦々しい記憶が、おなかの真ん中あたりに蘇り、全身の内臓が一瞬震えた気がした。そして、身体的な反応というものは、練り出した言葉や思考よりもはるかに自分の核に近いことを思い出した。

まだ自分の妊孕性を検査したことはないが、その血と痛みを伴う過程に耐えられるのだろうか。かけてほしい言葉を、差し伸べてほしい手を、私は私に与えられるのだろうか。胃カメラと同じで、自分の実の肉体を使ってみないことにはわからない。

そのとき、またひときわ輪郭を濃くした孤独と診察室で向き合う羽目になるのだろう。

＊マダネプロジェクト
子どものいない女性を応援するプロジェクトで、「すべての女性が生きやすい社会」を目指して活動している。代表はくどうみやこさん。著書に『誰も教えてくれなかった子どものいない人生の歩き方』『誰も教えてくれなかった子どものいない女性の生き方』（ともに主婦の友社）、『まんが 子どものいない私たちの生き方 おひとりさまでも、結婚してても。』（小学館）がある。

CASE 7

居場所と逃げ場所のつくり方

藍さん（31歳）

藍さんの人生年表

18歳　大学進学のため大阪から上京

22歳　大学卒業、就職

25歳　フリーランスとして独立

26歳　アーティストとして活動を開始

30歳　オランダに移住

同調圧力に負けて自分の「好き」を殺したくない

3歳からクラシックバレエを習い、プロを目指した時期もあった藍さん。昨年、私たちは共通の友人を通じて知り合った。最初こそ、目鼻立ちがはっきりとした端麗な顔立ちの彼女にどこか近寄りがたい印象を持ったものの、カラッと笑い、ときおり関西弁がまじる話しやすい人柄に安心した。

「厳しい環境に身を置くのが好き」「超真面目なタイプ」と自己分析する藍さん。小学生の頃は、毎朝1冊、図書室で本を読んでいたそう。しかし、派手なファッションで登校し、よく担任の先生に怒られていたというエピソードも。

「髪を染め、ピアスをしていたんです。小学校は私服だから好きなファッションで登校していいはずなのに、ルーズソックスはダメ、ブーツカットはダメとか、守らないといけないルールがたくさんあって、窮屈に感じていました。中学生になったら決められた制服を着ないといけないのかと思うと、しんどくて」

とにかく自由が欲しいと思い、公立の中学ではなく、制服も校則もない中高一貫のインターナショナルスクールへ。

「さまざまな背景を持つ人たちが集まっているので、個人の意見を尊重し合う雰囲気が魅力的でした。周りがこうしているから、今までこうだったから、という〝前へならえ〟的なことがない。生徒会長をやったり、イベントを企画したり、楽しい学校生活でしたね」

日本の多くの学校では、「起立、礼、着席」の号令とともに授業が始まり、体育では軍隊さながら「集団行動」が徹底される。来日経験のある海外の人は、日本のことをこう形容する。美しい自然、素晴らしい食文化、そして街や人がwell-organized（整備・組織化されてよくまとまった）だと。安全で、清潔で、整っている、と。確かに街行く人も、サービス提供者もみんな、その腹の底はわからないが品行方正な振る舞いを身につけて、空気を読むことに長けている。日本人の美徳であり、「前へならえ」文化の名残だろう。

藍さんは上京し、東京の大学に進学。大学もまたルールに縛られることはなく、好きな勉強を自由にできる楽しさがあった。再び生きづらさを感じるようになったのは、就職活動のとき。就活が始まると、それまで茶髪にしていた人もこぞって黒髪に戻し、バチバチのまつ毛を封印し清楚なメイクに変えるのが暗黙のルールとされる。みんながリクルートスーツに身を包み、会社説明会では、同じ雰囲気の人がずらりと並ぶのが〝普通〟の光景だ。しかし、藍さんは違った。

「金髪で派手なファッションで就活していました。小学生から変わっていない(笑)。ある面接で30歳くらいの男性に『目立ちたいから金髪にしているの?』と言われてびっくりしました。好きだからやっているだけで、目立ちたいなんていう発想はなかったので衝撃でした。面接官のあなたも黒髪が好きで、それを自分で選択しているんでしょう、と思いましたが言えませんでした」

藍さんは自分の意志を貫き、金髪のまま就活をした。第1志望の会社に内定をもらい、「わかってくれる人はいる」と感じたそう。ただ、入社後には黒髪に。

「仕事に髪色なんて関係ないと思ったけれど、上司から『下っ端《ぱ》なのだから、人からどう見られるかを意識しないとダメだ。日本ではビジネスマナーの一つで、よしとしない人がいるのだから、今は黒くしなさい』と諭されたんです」

金髪と言えば、自分を守るために金髪にした女性の話をときどき耳にする。小柄な女性や妊婦、小さい子どもを連れた女性に対し、わざと体当たりをしてくる「ぶつかりおじさん」から身を守る策だという。自衛、武装のために髪を染めるのだ。

「そこまでしなくちゃいけないなんて、悲しいし、かわいそう。ファッションやヘアメイクって、好きでやることなのに、武装するためなんて……。あ、でも、そう言われると私ももしかしたら、弱い自分がいてそれを隠したかったから派手なファッションや髪色にしていたのかも」

自衛――これは本業のマーケターとしての生業《なりわい》の傍ら、26歳で彼女が始めたアーティスト活動の根源のテーマにもなっている。藍さんは「大阪生まれ・ネット育ち」を自称するほどのインターネットの申し子で、中学生の頃から身の回りの好きなものやセルフィーをネット上にアップして楽しんでいた。自身の表現がネットの海に広がるのを見て、アイデンティティの変化や拡張を感じていたという。

あるとき彼女は、イギリスのコスプレイヤー兼モデルの女性が白目で舌を出す「ahegao（アヘ顔）」の写真がSNSでバズっているのを見て、衝撃を受けた。面白い、新しい、カワイイ、と。

この状況に加え、「HENTAI」と認識される日本発のアヘ顔が海外で流行していることを知り、日本への逆輸入を試みた。自分のセルフポートレートを用いながら「ahegao」をテーマにした写真や動画を投稿し始め、徐々に「ahegao」のフェチ界隈《かいわい》で受け入れられるようになったという。自分がカワイイ！と思える身体的表現にビジネス性を見出した藍さんは、さまざまな衣装に身を包み、「ahegao」のフォーマットにのっとった自己表現でNFTや写真・動画を販売したり、個展を開いたりしている。個展のダイジェスト動画を見ると、自身の受けてきた性的搾取に対して中指を立てる姿勢で、写真や動画にとどまらない興味深い装置が仕掛けられた空間となっていた。持って生まれた身体や自分の好きな表現が、ハラスメントによって制限されるものであってはならない、という強い意志がビンビンに感じられるものだった。

「ahegao」にはフェチの要素が強いのでグレーな部分もあるけれど、と前置きしたうえで藍さんは今後のアーティスト活動について語る。

「ただ生きているだけなのに性的に搾取されることが多すぎる。どうせ搾取されるなら、それをお金に換えたほうがいいじゃん、と開き直ったんです。今後いつまで私の『ahegao』に需要があるのか、未来の私はどういう感情で、どういう暮らしをしているのか、身体の写真を販売することが私のアイデンティティにどういう影響を与えるのか、周囲との人間構築においてどう作用するのか、についてもまとめてフェミニズムアートに昇華しちゃえ、と思っています」

自分の居場所をどうにかつくる腕力

容姿について言及するのは憚《はばか》られる時代だが、藍さんは女性から見ても美しく、目を引くタイプだ。それゆえか、嫌な思いをたくさんしてきたという。街で声をかけられるナンパだけでなく、駅や商業施設で、男の人にあとをつけられたことは数知れず。暴力を受けたことも。藍さんは一例を挙げた。

「飲み会の帰りに終電に乗っていたら近寄ってくる男性がいたんです。声をかけられても無視していましたが、あまりにしつこいので、英語で『どこか行って』と強めに言って車両を移動したら追いかけてきて。『調子に乗るなよ』と足を蹴られました。私はただ電車に乗って帰ろうとしていただけなのに」

足がすくんで動けないまま、なんとか藍さんがスマホのカメラを立ち上げると、男は逃げるように電車を降りていったそう。

「終電に乗ったらダメですね。タクシーに乗ればよかった」と自分にも非があったように話すが、明らかに悪いのはその暴力男だ。さらに藍さんは続ける。

「派手な服装のせいかと思いましたが、地味な格好をしても、歩いているだけで嫌なことや暴力に遭遇する。もう日本にはいたくないとさえ思ってしまって」

痴漢の被害に遭うと「そんな服を着ていた女も悪い」「夜に出歩く女も悪い」と女性を責める声すらも上がる世の中だ。藍さんは「日本が嫌いになりそう」と日本での生きづらさを感じ、海外移住を考え始めた。

「被害に遭うのがつらいという理由だけでなく、これ以上日本にいても自分は成長できないと感じたんです。それに、せっかく英語が話せる（日常会話で冗談を言える程度）のだから、使わないともったいない。30歳の節目でオランダへ行こうと決めました」

ＬＧＢＴＱ＋先進国であり、売春や大麻が合法で「世界一自由な国」として知られるオランダ。藍さんは、初のヨーロッパ旅行をした24歳のときにアムステルダムの街の空気に触れ、「住める」「また来たい」と感じたらしい。

「大阪の田舎出身の私は、東京のような大都市には疲れていたんですよ。二人の知り合い（美容師とイラストレーター）がたまたまアムステルダムに移住していたのも安心につながりましたね」

アムステルダムは運河と自転車の街。道路にはえんじ色の自転車専用レーンが敷かれ、多くの人が自転車で移動している。ルーツを持つ人が多く、多様な人種の人々が暮らす小さな国際都市だ。東京のような高層ビルはない代わりに、街のパン屋さんやカフェ、バーが発展していて、街じゅうに張り巡らされた運河に沿って緑が生い茂っている。その人口密度は東京の約4分の1。

「英語圏で治安がいい。なによりフリーランスの私でもビザをとりやすかった」

実は日蘭通商航海条約という１８９６年に調印された条約のおかげで、日本はいまだにオランダから最恵国待遇を受けている。日本国籍を持つ人にとっては、オランダの個人事業主ビザを取得することはかなり容易だという。

・日本国籍であること
・犯罪歴や不法滞在歴がないこと
・オランダに住民登録をすること
・初期投資金4500ユーロ（手数料などは除く）を口座に保持していること
これらの条件はあるものの、他国に比べて、オランダは日本人にとって最も移住しやすい国の一つ。家賃相場は東京より高いが。

「こっちは天気が悪いので、晴れているだけで幸せです。冬の日照時間は短いし、私は頭痛持ちのため鎮痛剤は手放せないけれど、それでも東京の街行く人のピリピリ感はここにはない」

気圧より雰囲気。確かにアムステルダムは、街は狭いのに道路が広かった。のんびり歩いている人か、自分のペースで自転車を飛ばしている人がほとんどで、東京のようなせかせかした感じはなかった。

他人の目から解放された彼女は、オランダでのんびりと自分らしい時間を過ごしている。クラシックバレエのレッスンも再開した。

「オランダは晴れの日が少ないので、晴れたらご飯行こうねとか、天気によって友人と予定を決めるのがユニークで面白いです。理にかなってますよね。『晴れてるけど、何してる？　カフェ行かない？』って。私は外向的ではないけれどフットワークは軽いので、その日の気分がよければOKするし、気が乗らなければ断ります。今のところオランダの空気は私には合っているので、楽しいですよ」

成長志向の強い藍さんは、このまま30歳を超えて日本にいても、成長は望めない、と危惧していたそう。オランダに移住したあとは、現地企業と日本の会社から請け負うマーケティングの仕事と、自身のアーティスト活動で身を立てている。

「移住して一番変わったのは、精神面。自分を変えるためには、住む場所、普段付き合っている人、時間の使い方を変えるべし、とよく言いますが、まさにそうだなと実感しています。日本にいたときは、自分の身を守るために必死すぎて、仕事もプライベートも選択肢をかなり狭めてしまっていたし、正直ちょっと鬱っぽくもなっていたんです。今は精神的に安定して、心に余裕が出てきました。昔は一つの答えしかないと思っていたけれど、こういう考えもあるよねって思えるようになったのは、いい変化だと思います」

長くふさぎ込んでいた時期もあったそうだが、今は住処を変え、やっと顔を上げて好きな格好で街を歩けるようになった藍さん。

海外移住をして、さらに自分の中での気づきがあった。

「いい意味での〝逃げ場〟が増えました。日本で生まれ育ったので、私は死ぬまで日本で生きていかないといけない、とどこかで決めつけていたんです。だけど、いざ移住を実行してみると、自分という人間が日本以外でも暮らしていけることがわかった。オランダが嫌になったら別の国へ行けばいい。あちこち行ってみてダメなら日本に帰ればいい。選択肢がめちゃくちゃ増えました。それだけでも幸せ。最近気づいたんですけど、自由度が高いほど幸せを感じられるんです、私」

オランダでの暮らしが実績となり、どこでも生きていける確かな自信がついたという。その自信は、未来の自分の身動きのとりやすさにも直結する。

だが、海外移住にはさまざまな心理的ハードルが伴う。例えば、家族や友達と離れて暮らしていけるのだろうか。

「うーん、家族や友達がいないとやっていけないかなあ？　日本に住んでいても毎日会って、メールして、電話している人っていないし、十何時間飛行機に乗れば会える。家族や友達に依存していなければ、意外と大丈夫な気がします」

そう言われると確かに、日本に住んでいたって毎日友達に会うわけでもなく、親と連絡を密にとっているわけではない。ただ、近くに味方がいないことの漠とした不安が残るのだ。

「海外に移住することと、日本で家族や友達と一緒に過ごすこと、どちらが大事かと天秤にかけて選ぶのは苦しいでしょうね。でも、海外に移住しても家族は大事にできるし、友達と電話することもできる。今の時代、SNSで近況報告もできるし、プレゼントを届けることもできる。頻繁に会えなくても、大切に思うことはできるから、本当はどちらかを選ぶ必要はないんじゃないかな」

ドキッとした。相手と物理的に離れて暮らすことと、大切に思い合うこと。この二つを両立できるのは、今の時代に生きる私たちの特権だ。

むしろ藍さんは、「この風景を見せてあげたい」と母親に写真を送ることが増え、日本にいたときよりも家族とのコミュニケーションが密になったという。そんなとき、家族に悩みを相談することはあるのだろうか。

「昔から、自分のことを話すのが好きじゃないというか、そういうことに価値を感じない子どもだったんです。学校でこんなことあってねとか絶対に言わなかった。だから、母はママ友から私の情報を聞いて初めて知ることが多くて、いつもすねていました。藍は何も言わへんからな〜って」

日本で体験した生きづらさについても、家族や友人に話すことはなかったそう。私はつい、「こんなことがあった」と嫌なことは共有し、周りの人はどう思うのかを確認したくなる。相手と共有することで、その場限りの安心が芽生えたり、たまに解決の糸口が見つかったりもする。

「なるほど……。その感覚はありませんでした。みんなが自分と同じなのかを確認しても、自分が受けた嫌なことは変わらない。それに、問題を解決するのは私自身だから、話しても意味がないと思っていました。でも、話してすっきりするというのはあるだろうから、聞き役になるのは嫌じゃないですよ」

どちらかと言うと内向的で、一人で愛猫と家で過ごすことが多いという藍さん。「人と会うことがストレス発散になるという人とはわかり合えないかも。一人でいるほうが癒やされるんです」と言う。誰かと群れて行動することはないし、誰かと比較してうらやむこともない。

「一人で努力をして、一人で上に行くのが好きなんです。他人からの評価はいらない。例えば、100点満点のテストで80点をとったとします。自分の中で、よくできたと思う一方で満点をとれなかったことは悔しいので、周りから『80点すごいね』と言われても冷めてしまう。仕事でも周りからどんなに評価されても、自分が納得いかないと意味がない。常に『昨日よりよくありたい』という思いを持っていて、それは誰かとの比較ではなく、自分との闘い。バレエもそう。もっとうまくなりたいと思ってレッスンを続けています」

その素晴らしい幸せは、今の私が受ける幸せじゃない

オランダに移住し、窮屈さから解き放たれて自由を手に入れた藍さん。この先、誰かと一緒に暮らすこと、結婚や子どものことは考えているのだろうか。

「子どもの頃から幸せな家庭像というのがわからなくて、結婚への憧れはありませんでした。結婚するのかもな〜くらい。母はだいぶ変わった人で、今日は学校を休んで映画を見に行こう、とか言うような人でした。楽しいことをするのが大

好きで、ミーハーなんです。愛情をいっぱい注いでもらって感謝しているけれど、自分とは違うタイプ。私はあそこまで子どもに愛情を注げるだろうかと考えてしまうし、結婚したいとか、子どもを産みたいと思う男性には出会えていないので、想像できないかな」

娘を溺愛する母親でも、藍さんがオランダ移住を決めた際は「そうか、行くんや」とだけコメントをし、前日にはパッキングまで手伝ってくれたという。自分の寂しさや心配よりも娘の選択を尊重するお母様なのだろう。

「ただ、母には孫を、おばあちゃんにはひ孫を持つ機会を私が奪っているんだと思うときがあって。二人から結婚や子どもを急かされることはないけれど、ときどき、子どもって私だけの問題じゃないかも、とは考えます」

仮に自分が20代で結婚したいと思っていても、結婚には運やタイミングの要素が大きすぎるため、結婚はできなかっただろうと言う。しかし、藍さんは自分の遺伝子を残したいと考えている。

「なぜだか、小学生の頃から自分の遺伝子を残さないと！と思っていて。自分が死んでも遺伝子が残っているすごさとか、自分の遺伝子が別の人の遺伝子と組み合わさって別の遺伝子ができる神秘性への憧れかもしれません。生物として、遺伝子を残したいという本能があるんでしょうね。精神的な欲望というより、肉体的な欲望だと思います」

また、藍さんは〝いつか〟のために卵子凍結も視野に入れている。子どもが欲しくなったときの選択肢をなるべく多く残しておきたいものの、相手があることなので逆算してあれこれ考えることはできないし、誰かいい人がいないかと探すこともしていないという。

「移住後に、友達づくりを目的としたマッチングアプリをやってみたのですが、写真や年齢や職業などの基本的情報だけで選んでいる自分に吐き気がしてきたんです。直接会ったわけじゃないのに、画面上でその人と仲よくなりたいかを判断して、好き・嫌い、右・左とスワイプしている自分に腹が立ちました。マッチングアプリでの出会いは向いていない、と思ってやめました」

藍さんの生き方は、どこまでも自分の感覚に鋭敏で、正直で、誠実だ。

そんな彼女に、一人で暮らし続けることへの寂しさや不安について尋ねてみた。

「30代の今は一人でも幸せだから、きっと40代も幸せに暮らせるんじゃないかな。

だけど、一人での80代はまだ経験していないから、全然わからない。二人でも、三人でも不幸なことはあるだろうし、将来のことはそんなに心配していません」

そう気持ちよく言い放つ藍さんだが、友人の多くは結婚したという。

「大事な友達が大事な人を見つけられたことはすごいことで、素晴らしいことだって感じます。結婚して子どもが生まれたら、さらに幸せ。恋人ができた友達に対しても、心からおめでとうと思うし、その幸せを分けてもらっている感覚なんです。友達の子どもの成長もそう。歩けるようになったとか、話せるようになったとか、そういう成長に立ち会わせてもらって、疑似体験に近い幸せを享受させてもらっている感覚。だけど、私は同じ幸せは得られないな〜と感じます。友人たちが得ている幸せと、私が受ける幸せは別物だから」

友人の幸せは存分にお裾分けしてもらっているものの、自分の気持ちの奥底をどんなにさらっても、うらやましさや焦りの感情は見当たらないという。

翻って私の場合は、自分の今後について考えるとき、インストールずみの「世間の幸せ」の価値基準を心の端っこで参照している気がする。私の中で「幸せでいたい」と「ちゃんと幸せに見られたい」は、かなり近い場所にあるのだ。惨めに思われたくない、という意地汚い気持ちさえ抱いている。

　そんな考えを述べると、藍さんはビシッと言った。

「その『惨め』は誰が決めているの？　もし誰にも面と向かって言われたことがないなら、他人の尺度を借りて考えているだけってこと。『他人』は存在しないんですよ。自分の中で考えている『他人』って、仮想だから。仮想の中で決めた人間だから」

〝他人〟は存在しない。自分の中にごまんといた仮想他人たちが、砂塵《さじん》のごとく舞い上がり、サーッと風にさらわれていった気がした。

　自分が想定した「誰か」の尺度は常に視界をさえぎり、持っていたはずの私の主観を霞《かす》ませる。それは藍さんが小学生時代に感じていた「前へならえ」の窮屈さに通じるものがある。

「もちろんオランダでも、周りと比べがちな人はいるけれど、大多数ではない。『大多数ではない』ってところがポイント。日本はそういう人たちが大多数だから、ちょっと生きづらいですね。オランダは超個人主義の国で、教育も基本ほったらかし。自由に育てられた人たちが自分の幸せを獲得していく社会だから、考え方が健康的なんですかね」

「世界一子どもが幸せな国」（ユニセフ報告書「レポートカード16」先進国の子どもの幸福度ランキング　２０２０年）とされるオランダには、基本的に塾も偏差値もない。小学校ではテーマごとに児童が好きなクラスをとり、宿題も時間割も存在しないという。学年単位で学力を競わせることはない代わりに、個々人の理解が学年の基準に合わなければ、小学生のうちでも飛び級や留年をすることが当たり前にあるらしい。紋切り型に年齢で区切るのではなく、個人の能力に合わせて学ぶという方針のようだ。

自分で生きる場所を決め、実行した藍さん。私はつい、ダメだったときのリスクを考えてためらってしまうが、その迷いとどう向き合えばいいのだろうか。

「海外移住したいけれど迷っているという友人には『まず1年後の航空券を買おう！』と提案しています。いざあとに引けなくなると、人は行動できるので（笑）。決めるのは自分だから、やりたいことをまずやったほうがいいと思います。私の場合は直感があって、あとから理論がついてきます。転職したいならしたほうがいいし、移住したいならすればいい。感情を押し殺したり、悩んで停滞している間にただ時間が過ぎて何も変えられないリスクだってある。今やりたいか、やりたくないかの話をしているのに、やったあとの未来のリスクを考えるのは分岐点の手前で悩みすぎな気がしますね。もしダメでも、それが一つの経験になる。移住してみて、その土地が合わなければ帰ってくればいいし、ほかの土地に行ってもいい。一つ経験したということは何かしら成長したということで、失敗だったな〜と思ってもゼロにはならないんだから」

直感力を養うにも、トレーニングが必要だろう。藍さんいわく、直感で選びとった経験の多い人は感覚が冴えていき、自分の直感をないものとして考える人はどんどん衰えていく。

消極的な選択をするのではなく、「これだ！」と自分が信じられる小さな決断を積み重ねることで、だんだん直感の精度が上がり、自分軸での生き方が定着してくるという。

多くの理不尽な被害に遭ってきた藍さん。尊厳を傷つけられても、自分を奮い立たせ、自分の居場所と逃げ場所をつくってきた。

「誰でも事故に巻き込まれることはあるもの。そのとき一番つらいのは、被害者が責められることです。周りから何を言われても、自分にはどうにもできないことだった、自分のせいではない、と強く思うこと。それが心の柱になる。『私は巻き込まれただけ』と思い、自分のメンタルが一度どん底にまで落ちてもいいから、いつか、なんとか前を向くしかないんです」

Jealousy kurumi's Voice

「いざとなれば」をこの手元に

「すべてが嫌になったとき用」の資金を親に隠れて貯めていた。それは黒い猫のポーチに入った20枚ほどの千円札で、布でぐるぐる巻いて押し入れの奥底に隠していた。

お年玉を貯める口座や、学習机の上の貯金箱とは別の、秘密の金庫だった。親のケンカの声をふすまのこちら側で受け止める夜や、親子で派手に衝突した際、泣いて枕を殴りながら押し入れの奥の黒猫を何度も思い出した。もしこらえ切れなくなったら、あのお金を握り締めて家を飛び出してやろう、と小さい私は心に決めていた。

電車とバスを乗り継いで、祖母の家に行くのが関の山だけれど、それでも親に知られていない逃亡資金があることは、私の深呼吸をラクにした。

大人になった今でも思う。何か我慢ならないことがあれば、トカゲの尻尾切りのように社会をこの身から切り落とし、逃げ出してやろう、と。

「何も生産活動をせずとも生きていける◯カ月分」という換算で、いつも口座残高を見ている。


「相手・環境は変えられないから自分が変わるしかない」この常套句《じょうとうく》の後半部分には、自分の思考や行動を変えてみろというありがたい示唆だけでなく、自分がその場から立ち去る、自分がその人を見限る、という実用的な解決法も含まれる。

何をするにも親の許諾を要した子ども時代にはかなわなかったが、今や大人だ。

自分の介添えを必要とする介護や育児などの事情がない限り、自分はどこまでも身軽で、私は私にこの身軽さを担保し続けなければいけない。


「一度ほかの国に住んでみると、英語圏ならどこでも住めるなと思った」という藍さんの言葉を聞いて、国境ならぬ〝区境〟を超えた逃避行を思い出した。

その昔、私はとことん陽気で酒グセの悪い男と同棲していた。大ゲンカをしても、住む家が一緒なのでお互い我慢をしていたが、とある平日の深夜、どうしても辛抱ならない出来事があった。残業していた私を、ほろ酔い状態の彼が勝手に迎えに来たが、スムーズに待ち合わせができずにすれ違ってしまい激高したのだ。ビニール傘を投げられ、その傘は私の恥骨にクリーンヒット。私の会社の前で暴言を吐いて寝転ぶ彼を見ながら、よし全部終わりにしよう、と心が決まった。

その週の土曜早朝、私はアプリで真っ黒なアルファードをマンションの下に呼んだ。近所に住んでいた女友達U子の協力のもと、〝朝逃げ〟を企てたのだった。段ボールに荷物を詰めていると、起きてきた彼に箱を引っくり返されたので、「U子もここに呼んだから!」と怒鳴って威嚇し、もう無我夢中で荷物を詰め直した。バキバキになった段ボールを奪い合い、床に落ちた思い出の品々を踏み散らしながら私たちはわんわん泣いた。その様子を見ていたU子は終始無言で積み荷の用意をしてくれたが、ニヤニヤを隠せていなかった。

私は事前に相談をしていた別の友人の、一時的に使っていない1K宅に少しの間、身を隠し、ほとぼりが冷めてから家探しを始めた。正真正銘の一人暮らしで、私はその一人の城に4年も住み着いた。

一番恐ろしいのは「私が我慢すれば」と、自分で自分を見捨て、コントロール権を放棄してしまうことだ。理不尽さとともに感情まで丸のみして、その場に縛られ続けていると、いずれ不自由さや無力さにすら慣れてしまう。対照的に一度えいやと飛び出してしまうと、振り返れば飛び越えた柵はそんなに高くなかったりする。硬い粘土を指の腹でぐっと押し広げるように、手応えを感じながら自分が力づくで拡張した可能性は、その後も伸び広がる。奪われかけていた自信や自由が、磁石に引き寄せられる鉄片のように自分の手元に集まってくるのだ。

どうにもならなくなったときは、手に余るほどの巨大な裁ちバサミですべてのしがらみをじゃっきんじゃきんと断ち切れる私でいたい。

いざとなれば私はどこにでも自分の置き場所を変えてやるのだ、という当たり前の実感をこの手に取り戻すことは、私の心を生かし続ける。そして、その静かな意志は、ライナスの毛布のように私の指先を温かくし、懐刀のように私の胸に強い火を灯《とも》らせる。

いざとなれば。いざとなれば。

このお守りの言葉と逃亡資金を、私は自分だけの黒猫のポーチに忍ばせる。

CASE 8

おひとりさまの
ゆるい連帯

楓さん（57歳）

楓さんの人生年表

18歳　上京して専門学校に入学

20歳　建築会社に就職

25歳　結婚、名古屋に転居

32歳　出産

33歳　パートで復職

35歳　正社員で再就職。離婚し、上京

39歳　コーポラティブハウス購入

42歳　転職

55歳　退職、独立

3年かかった離婚

ここ数年、「人生100年時代」という言葉がメディアで飛び交っている。かつてない長寿時代に向けて、従来の生き方や働き方を見直そう、社会制度を整備しようと盛んに言われるようになった。年金受給年齢は、いずれ75歳まで引き上げられるかもしれない。当然、定年の年齢も上がっていくだろう。厚生労働省の調べによると、2022年の平均寿命は女性が87年、2065年には91年になっている予測だ。60歳から「老後」と考えられていた人生プランは大きく崩れる。

私がシニアになる頃には、孤独死を防ぐ見守りセンサー付きぬいぐるみのようなものが普及していて、倒れたらその子が救急車を呼んでくれるといいな……などと妄想しながら、シニア世代の住居やコミュニティについて調べていたところ、楓さんのnoteにたどり着いた。「50代からのミライ」をテーマに、人生後半の生き方について発信しており、一級建築士、宅建士、シングルマザー、ラン愛好者という興味深いプロフィールだ。

青森の小さな田舎町で育った楓さん。高校を卒業後、東京の建築系専門学校に進学した。

「本当は大学に行きたかったんです。でも、兄が一浪して東京の私立大学に行っていたので、田舎町の普通の家にとっては経済的に大きな負担でした。母から『国立大学ならいいよ』と言われたけれど、建築学科がある国立大学なんて数えるほど。自分の学力では無理だと諦め、専門学校でいいやと半ば投げやりに決めたんです。それが、就職のときに足かせとなってしまったんですけどね」

取材中、人生を振り返ってもらう中で何度も「地方格差」「田舎思考」と口にした楓さん。田舎の人はどんな大学があるか知らない、女の子は大学なんか行かなくていい、塾などのサポート態勢がない、そもそも相談する人がいない……。

しかし、彼女自身もその田舎思考をなかなかぬぐえなかったという。

「大学に行きたかった一方で、女は20代半ばで結婚するものという考えが頭の中にあったんですよ。大学を卒業したら22歳でしょ。どうせ就職してすぐに仕事を辞めることになるのだから、無理に大学に行くことはないかなと思いました。女性がずっとフルタイムで働くという考えが私にもなかった。それこそ田舎思考」

楓さんが就職をした頃は好景気。バブル真っ盛りの時期で、就職には困らなかったものの、20代でキャリアを築けなかったそう。

「大学を出ていないと大手の会社は入社試験が受けられないんです。それを知ったのが、就活のとき。建築士は実力の世界、資格さえあれば問題ないと考えていたけれど、蓋を開けてみると学歴が必要でした。〝田舎者だから〟を言い訳にしてしまうけれど、ものを知らなさすぎたんです。コネもなく、自力でなんとか求人を探し、卒業直前に小さな建築会社に就職が決まりました」

やっとの思いで入った会社だったが、半年で退職。その後も転職を繰り返した。建築業界はザ・男社会。女性だからという理由で事務仕事を回されることも多々あった。今では考えられないが、なにせ「24時間働けますか」の時代だ。そのすべてがサービス残業で、小さな会社では給与も思ったようにもらえなかったそう。

「大手に入社した人は教育体制が整っているし、給与や福利厚生など待遇もよかったですよ。でも、私がいたような小さな会社ではファストフードの時給よりも安い給料で、がむしゃらに働くしかなかったんです」

会社の同僚と25歳で結婚し、名古屋に移り住んだ。東京ですらキャリア形成ができなかったのに、地方都市ではなおのこと。楓さんは個人の設計事務所でアルバイトをする生活を続け、結婚生活もうまくいかず「全然幸せではなかった」と言う。結婚生活の後半は離婚に向けて着々と準備をしていた。

「5年も付き合っていたのに、彼の本当の姿に気づけなかったんでしょうね。お恥ずかしい話、借金があったんです。心を入れ替えたと思って、子どもをもうけたのですが、その直後にまた借金をしていることがわかったんです。子どものためにも離婚をしないといけないと本気で考えました」

いきなり正社員として仕事復帰をするのは難しいと判断し、まずはパートに出て子どもを保育園に入れるところからスタート。仕事を持っていないと入園すらできないのが現実だ。その環境に慣れた頃、本格的に仕事を再開した。子どもが産まれてから夫とは家庭内別居状態で、育児は完全なワンオペだった。

離婚後は東京で暮らそうと引っ越し先を決め、当時3歳だった娘を連れて再びの上京。

「離婚した35歳が私の本当のキャリアの始まりでした」

同じ屋根の下のご近所さん

上京後は、コーポラティブハウスのコーディネート会社に就職。コーポラティブハウスとは、日本語では「建設組合方式」の意味で、入居希望者が組合を結成し、自分たちで土地の取得や、建築業者の手配を行う集合住宅のことだ。間取りが決まっている分譲マンションと異なるのは、自分の居住スペースを自由に設計できること。まず入居希望者が決まり、各住戸に設計者がつく。自分の担当設計者と間取りや内装を話し合い、まとまった段階で全体の金額が確定し、工事に入るという流れだ。住居が完成する前から入居メンバーで集まり、外装や建物全体のルールを話し合って決めることができるそう。楓さんも39歳でコーポラティブハウスを購入し、娘さんと住んでいる。

「耳慣れない言葉かもしれませんが、日本初のコーポラティブハウスは60年代とされ、歴史はわりと古いんです。私は、当時勤めていた会社が企画した物件を購入しました。子どもが小学校に入る頃かな。分譲マンションは3ＬＤＫが多く、二人住まいには広すぎました。一方、コーポラティブハウスは自分好みに設計できるのが魅力。企画段階から組合員で話し合うので、入居者と顔見知りになれるのもメリットですね。東京では隣に誰が住んでいるのかわからないことも多いし、近所付き合いもあまりないため、ご近所コミュニティがあるのはシングルマザーの私にとって大きな安心感がありました」

確かにマンションのエレベーターで住人と顔を合わせれば会釈くらいはするが、言葉を交わすことはない。どんな人が住んでいるかなんて知らないのが当たり前だと思っていたが、それは不審者がいたとしても気づかないということだ。さらに自然災害など有事の際にも、顔見知りがいることは心強いはず。

「住人とはべったりの関係ではないけれど、一緒にマンションをつくった仲間という意識はあるし、どんな人かを知っているのは安心。自由設計なので、家が好き、インテリアが好きという共通項があるのもいいですよね。普段顔を合わせるのは普通のマンションと同じくらいの頻度だけれど、花火大会を屋上で見たり、急用ができたときに子どもを預かってもらえたり、そういうのを自然にできる関係が心地いいんです。将来おじいちゃんおばあちゃんになったら、屋上で太極拳をしよう、と話しています」

楓さんは綿密な復職プランを立てて娘を連れて家を出たものの、母子二人暮らしへの不安は大きかった。親子で1対1の関係に閉じずに、娘に安心して暮らしてもらいたい、という切実な思いもあった。実際に住民の方々に助けてもらった恩は数えきれないほどあるという。

「娘が家の鍵を忘れて学校へ行き、夕方家に入れないときは、ご近所さんが夕飯を食べさせてくれました。バレエの発表会の練習で髪をおだんごにしないといけないときに私が不在で、ほかの人の家に行っておだんごにしてもらったことも。東日本大震災のときも、ご近所さんの家にいさせてもらいました」

近所で飲んでいるから一杯どう？　という住民同士の気軽な誘い合いもあるそう。なんてちょうどいい理想的な距離感！

「いい距離感だと思います。誰かとつながっていたい、知っている人がいる中で暮らしたいとなると、一人ならシェアハウスという選択肢があると思いますが、家族単位ならコーポラティブハウスは理想的な環境かもしれませんね。もちろん、組合（マンション）ごとに違いはあるけれど、私のところはいいコミュニティができていると思っています」

キャリアアップの長い道のりと子離れ

35歳でコーポラティブハウスのベンチャー企業に就職。社内で子どもがいる女性は楓さん一人だった。20年以上前のことで、もちろん今のように時短勤務などの勤務態勢が整っているわけではない。定時に帰ることは許されず、残業は当たり前の世界だったという。

「当時はブラック企業なんて言葉もない時代。ベンチャー企業の自由な社風があり、理解もありました。『これからの女性社員のために道をつくってください』と言われましたけど、現実はそううまくはいかないですよ。日中は会議や打ち合わせで終わってしまうので、図面を描くのは夜。夕方に急に打ち合わせが入ることもあり、保育園のお迎えを友人に頼むことがよくありました。土日は、お客様との打ち合わせ。子どもが小さいときは急に熱を出すことも多く、入院したことも。青森の母に助けを求めたり、地域のサポートを頼んだり、周りの手を借りて、やっと成り立っていたのが現実です」

子育てしながら仕事をする楓さんに対して会社は協力的だったが、査定は厳しかった。男性社員や子どものいない女性社員に比べると、どんなに頑張っても仕事量は追いつかない。20代で経験を積めなかった分、楓さんはスキルの面でも、どこか劣等感を抱いていた。子どもの体調不良で休むこともしばしば。

「子どもの入院などいろいろと重なって1カ月休職して戻ってきたら、とても厳しい評価をされて。それを機に大好きだった設計から離れ、不動産の部署に異動しました。20代でまともなキャリアが築けなかったと言いましたけど、30代も思ったようにはいかなかったですね」

楓さんは42歳にして、新卒時は受験資格さえなかった大手の会社に転職し、家と暮らしの相談アドバイザーを担当。残業はほぼなく、子どもにも手がかからなくなり、ようやく普通の生活を手に入れた。

「大手なので、今まで働いてきた会社とは違い、働く環境はとてもよかったです。だけど、子どもの成長に伴って、心の中に葛藤が生まれました。それは娘が高校受験の頃。ちゃんと勉強しているのか、将来のことを考えているのだろうか、とどうしても娘のことが気になってしまい。でも、干渉しすぎるのもよくないとわかっていました。子どものために頑張ってきたけれど、それを押しつけてはいけない。娘との接し方に悩みながら、さらに年齢的に心と体の不調も続いて……。これって中年クライシスなのか？と悶々としていた時期がありました」

なんとかこの状況を打破しなければと考えた末に出会ったのが「ランニング」。ある春の肌寒い夜、受験を控えた娘と二人でいる部屋の空気が重く感じられ、「私は私の時間をつくろう」と思い立ち、走ってみることにしたそう。

「学生時代、体育ではいつも怒られるくらい運動ができない人だったのに、なぜか走ろうと思ったんです。しんどいけれど達成感があり、適度な疲労感からよく眠れたのがうれしかった。無理せず、週3日・3キロ走ることだけを決めました。とにかく続けること。するといろいろなことが好転していき、50代を前に自信がついたんです」

体調がよくなり、引き締まった体形に。子どもへの干渉も減り、会社での嫌なことも徐々に気にならなくなった。ランニングの習慣を機に、楓さんの心と体はガラッと変わったそう。

「体力があれば、たいていのことは乗り越えられるんだと実感しました。子どもが社会人になったこと、家のローンを完済したこと、自分に自信を持てたことが重なり、55歳で会社を辞めて独立しました。大手の会社にいれば安泰ですが、あと30年もある人生をもっと自分らしく生きたいと思ったんです」

選択肢は自分の先入観の後ろにある

30年以上、住まいに関する仕事に携わってきた楓さん。相談アドバイザーとしての経験を存分に生かし、現在は「50代からの住まい」のサポートをしている。

健康以外の老後の不安と言えば、お金と住居だ。仮に結婚し、子どもができても老後は一人になることもある。持ち家がなければ賃貸だが、高齢になれば借りられないかもしれない。老人ホームにしてもサービスや設備が整っているところは入居費も月額費用も高額で入居できるかもわからない。今から悩んでも仕方がないのは承知のうえで、安心材料としての兆しやヒントは知っておきたいところ。

「多様性と言われるこの時代、家も一つの形に限らないと思うんです。私はコーポラティブハウスに住んでいますが、子どもが家を出たらシェアハウスに住もうと考えているところです。シェアハウスと言うと若い人たちがワイワイ暮らしているイメージですが、形態は広がりを見せていて、これからは50代、60代向けの物件も出てくると思います。住まいのサブスク（例えばADDressなど）で住む場所を変えながら、人とかかわる住まい方もある。住居の選択肢は確実に広がっていますよ」

今ですら人付き合いを面倒くさいと感じている私だが、果たして、50代、60代になって新しい人間関係を築けるのだろうか。いや、築きたいと思えるのか。

「確かに一人はラクですよ。だけど、煩わしさを避けて一人になったらどんどん生活は閉ざされ、最後は孤独死してしまう。老人ホームに入ったって人間関係は避けて通れませんから。まず動き出してトライアンドエラーを繰り返し、自分にとって合うか合わないかを見極めていくこと。例えばシェアハウスは無理だと決めつけず、自分の性格に合うタイプのシェアハウスがあるかも、と柔軟に考えて見つけようとすることが大切。人とのかかわりは楽しいことばかりではないけれど、悪いことばかりでもない。嫌なこともいかにやり過ごせるか」

かつては〝田舎思考〟で古い考えに捉われていた楓さんだが、固定観念を取り払って身軽になる大切さを思い知ったという。シェアハウスは若者のもの、大人はどこかに定住しなければいけないもの……そのような先入観を持っていると、未来の自分にフィットする居住の形に出会う機会を見逃してしまう。自分の中にあるバイアスや、そのバイアスによって生じている不都合や窮屈さを見直した先に、意外な選択肢が見えてくるという。

「偉そうに言ってますけど、私もそんなふうに考えられるようになったのは最近です。娘との関係に悩んでいた時期を乗り越えて、会社を辞めようと決意したあたりですね。新しい仕事をやってみようと情報収集をし、さまざまなセミナーに参加していく中で、広い世界を見ることができたんです」

アクティブに活動する楓さん。きっとコミュニケーションが上手で、交友関係も広いのだろう。

「愚痴が言い合えるような、本当に仲のいい友人は二人くらいですよ。あとは、仕事やランニングを通して知り合った人たちとマンションの住人。でも、その人たちは友達ではなく〝知り合い〟です。友達づくりのために趣味のサークルに入ったりしましたが、なかなか簡単にはできないもの。大人になったら、いかに〝知り合い〟を多く持っているかが大切だと思います」

55歳で独立。この年で新しい道を切り開くのは容易ではないだろう。そろそろ老後の生活も見えてくる年代だ。子どもが巣立ち、ローンも完済したとなれば悠々自適に暮らす生活だって選べるはず。

「老後は〝下り坂〟と言われますが、30年って20歳から50歳までの長さじゃないですか。趣味を楽しむのもいいけれど、これから30年も続けられないですよ。飽きてくるだろうし、時間を持て余してしまう。そう思えたのは、実際に自分がカルチャーセンターのようなところに行った経験があるからです。子どもに手がからなくなって、自分の仕事が一つなくなったような感覚があったんですよ。そのときに絵画や彫刻などの教室に通ったけれど、あと30年も続けるのは無理だと実感しました。やっぱり仕事をしていたいし、仕事は続けるべきだ、と」

楓さん自身が経験した50代からのリスタート。人々が人生の後半戦をイキイキと生きるためのサポートをすべく、彼女は発信を続けている。彼女が2年前に始めたnoteには、住まいや不動産、健康に関する内容の濃い記事が書きためられている。その数、なんと400本以上。

「『長い人生を生きる力』をつけておくことが大切だと思います。そのためには行動すること。みなさん、愚痴を言うわりには動かないですよね。愚痴を言う前に、ちゃんと調べましたか？　行動に移しましたか？　と聞きたいです。本気でやるつもりなら、行動しましょうよ、と。小さな一歩でいいんです。私がランニングを始めたときも、近所を20分かけて3キロ走ることからでした。いえ、まずは靴を履いて玄関を出ることからです。そういう一歩を踏み出さないと何も見つかりませんから」

愚痴を言うのはインスタントなガス抜きや現実逃避にすぎない。本気で案じるなら、少しずつでいいから調べ、動き、継続しなければ。爪の先ほどの小さな石でも湖面に投げれば、そこから波紋が広がるのだ。

紆余曲折《うよきょくせつ》あったものの、家族、家、仕事、趣味を持ち、充実した50代を過ごしている楓さん。これまで何か手放してきたものはあるのだろうか。

「手放してきた感覚しかないですね。大学にも行けなかったし、思うようにキャリアを築けなかった。結婚にも失敗した。子どもだって一生懸命育てても、思いどおりにはいかないし、いつかは巣立っていく。子育てが終わったとき、私は抜け殻状態でした。そこからどう奮起できるかで、人生の後半戦の過ごし方が変わってくると思います」

自分の時間がなくなる、キャリアを諦めないといけないかもしれないと、子どもを持つことに思い悩む人たちが多い現代。子を持つか持つまいかの分岐点で尻込みしている私たちは、どうしたら前向きになれるのだろうか。

「私は産んでよかったとはっきりと言えます。友達や仕事関係の人たちとの付き合いは、ずっと続くとは限らないし、夫婦ですら一生一緒にいられるとは限らない。子どもは唯一、ずっと付き合える相棒だと私は思うんです。子育ての大変さはせいぜい10年くらい。自分の時間が持てないかもしれない、子育ては大変だろうという想像だけで、産めるのに諦めてしまうのはもったいないのではと思います。それこそ、子育てが終わってからの時間は十分にありますから」

人生の相棒だと言う娘さんは25歳になったそう。最後に、楓さんの経験から、アラサー世代の人たちに伝えたいことを尋ねてみた。

「とにかく何でもやってみては、ということでしょうか。若いうちは何でもトライしたほうがいいし、たいていのことは大丈夫だから。もうすぐ家を出る娘には『何をしてもいいけれど、絶対に死なないこと』と伝えました。どんなことがあっても生き続けなさい、と」

終《つい》の住処が一人なら

最寄り駅から家までの道に、板チョコのような扉のスナックがある。3階建ての一軒家の1階を使ったお店で、外には室外機やゴミ箱らしきものが置いてあり、日中はほかの住宅にとけ込んでいる。日が沈んでから通りかかると、「一応今日も店開けましたよ」と言わんばかりに無造作に、背の低い黒い看板が置かれていたり、置かれていなかったりする。

板チョコ扉を開ける勇気が出ずに1年ほどたったある日、3日間の引きこもり生活に終止符を打とうと家を飛び出した私は、板チョコ扉のノブをぐっと回してみた。

L字形の6席のカウンターを隔てて、中年の男女と、ニューエラのキャップをかぶったママが座っていた。

60代くらいに見えるママは椅子から立ち上がって「ああ、こんにちは」と一見《いちげん》の私に挨拶をした。「いらっしゃい」ではなく。なんか道端でばったり会ったみたいだなと思い、おかしかった。

常連らしき二人は地元の顔見知りのようで、このあたりの再開発や、それに伴う工事の騒音についてひととおり文句を言い合うと、「もう疲れたから帰ろうかな」「私も～」と、会計を別々にすませて出ていった。退店する際、二人は自然な所作で、ひと言も交わしていない私に軽く会釈をしてくれた。

ニューエラのママはこの街に住んで長いようで、あそこのパン屋のサンドイッチがおいしいとか、あの辺にコロッケ屋があったのに去年閉店してしまったとか、貴重なご近所情報を教えてくれた。その途中、仕立てのよさそうなジャケットを着た一人の女性が入ってきた。艶のある黒髪のショートカットがよく似合っていた。ママとのやりとりで、その人も大常連の一人だとすぐにわかる。

「今日はずいぶん遅いのね」

「いやあ、もう決算が大変で……」

ハイボールをぐいっと飲み干した女性は「なっちゃん」と呼ばれていた。ママは、この前2年ぶりに店に来たという共通の知り合いの話をして、話題は駅前に建設されるタワーマンションの話題に移行した。私はぬるっとご近所話にまざり、あいづちを打っていた。

話の流れで、なっちゃんがお店のはす向かいのマンションに夫と息子二人と住んでいることを知る。息子さんは大学生と高校生で、次男がなっちゃんと一緒に店に来るときは、オレンジジュースを飲んでいるという。

「生意気よね、高校生でこんなお店に来るなんて」とどこかうれしそうだった。

これもまた話の流れで、私の夫が2カ月ほど出張に行っており、今は一人でマンションに住んでいると告げた。

ほかの人々のように「そんなに旦那さんと離れ離れで大丈夫?」と無用の心配をされるだろう、と身構えたが、なっちゃんは違った。

「あらっ背中に羽が見えるわ! 自由を楽しんでね」と私の背中を指さして、そこに半透明の羽が生えているかのように目を細めた。

なっちゃん、めっちゃ愉快な人じゃん。私は確信した。

なっちゃんの夫は子どもの小学校時代にPTA会長をしていて、今でもPTA仲間たちと交流があるという。今度の週末、夫が勝手に企画したPTA飲み会が家で開かれることに、彼女はプリプリ憤慨していた。

「ほんっと勘弁してほしいわあ」

なっちゃんはその会に参加するつもりは毛頭なく、週末はジャズダンスの練習に行くようだ。一人目の子どもが産まれてから二人目の子どもが中学生になるまで、十数年のブランクを経てようやく復帰したらしい。

そんな彼女の最近の楽しみは、一人暮らしの家探し。

なっちゃんは、次男が大学に入る今春から、近くにマンションを借りて一人で住む予定を立てていた。ふらっと内見に行ったところの日当たりが期待以上によくてね、と楽しそうに話す彼女に、私は「旦那さんと離れ離れで大丈夫ですか？」と無粋な質問をしそうになるのをグッとこらえた。

南向きのその家は、今の家から徒歩5〜6分のところにある1DKだという。

「楽しそうにしちゃって」とニヤニヤするママに、なっちゃんは「もう20年以上も住んだし、そろそろお互い自由にしたいわよ〜」と内見の写真をスクロールしながらルンルンしていた。語尾に♪が見えるようだった。

子育てを卒業したら、スープの冷めない距離で別居婚。

夫婦の形に、そんな別解があったのか。

別居婚の話を深掘って聞いていいものか思いあぐねてドキドキしていると、なっちゃんは「明日早いから」と2杯目のハイボールを飲み干し、サッとお勘定をした。

来たときより血色のいい頬をゆるませて、彼女は手を振った。

「おやすみなさ〜い！　またここで会いましょうね」

ほくほくした気持ちで、私は帰路に着いた。

この土地に住んで1年半。思いがけず地域コミュニティに足を踏み入れてしまった興奮が、しばらく熱を帯びていた。

店でしか会わないご近所仲間。馴染みのスナックのママと客。20年以上一緒に住んだ夫婦。いろいろな形の連帯があって、それは撚《よ》り糸のように色とりどりで、太さも長さも強度も違う。時間の経過で結びつきはゆるんだり、気づくと新たな結び目ができていたり、途切れた糸の先が復活したりする。

無事に老後を迎えることができたら。

紆余曲折を経て、最後の住処が一人暮らしになるとしたら。

孤独だとしても、孤立はしない未来が待っていそうだ、と少し安心できた。

第２章

人生だいたい帳尻合わせ

令和の女は〝一周回ってビジュ〟重視？

ここ最近、周りの恋するアラサー女たちに共通して、とある現象が起きている。好きなタイプや自分のパートナーの好きなところを挙げる際、軒並み「一周回ってビジュ」という結論に帰着するのだ。ビジュとはビジュアルのことで、つまり見た目だ。

数年前まで我々は、職業や年収、学歴、趣味、学生時代の部活など幾多の条件を並べ、業務用防虫ネットくらい細かい網でフィルタリングしていたのに。

私の周りだけで巻き起こった珍現象かと思いきや、どうやら全国的に風向きが変わってきているらしい。

2021年の国の調査（出生動向基本調査）によると、結婚相手に求める条件として相手の「容姿」を「重視する」もしくは「考慮する」と答えた女性は過去最高の81・3％を記録。なんと、男性のスコアをわずかに上回る結果となった。

この結果だけ見ると、「結局イケメンが好きなのか。どうせ相手にされないぞ」と叩かれても文句は言えない。だが我々は、決して相手の美醜だけをジャッジしているわけではない。


むしろ〝イケメン〟なんぞ避けて通りたい大ワナだ。

30年も生きていれば、世間一般で言う〝イケメン〟を見ると心臓がトクンとするどころか、頭の中で赤い警告灯がチカチカ点滅するようになる。顔のよさにあぐらをかいて生きてきた一部の〝イケメン〟の言動に振り回され、傷つけられてきた経験がありすぎるからだ。


「一周回ってビジュ」がさすところのビジュアルのよさとは、「全人類が認めるイケメン」ではなく、「私のミットに突き刺さる見た目」である。

「見た目」とは顔の造形だけでなく人相や雰囲気も含む。くしゃっとあどけなく笑う人、猫っぽい遠心顔のひょうひょうとしている人、仏頂面で硬派そうな戦国武将顔の人……など、我々は自分だけのスイートスポットを絶妙に押さえた男性たちにハマるようだ。「40を過ぎたら自分の顔に責任を持て」というリンカーンの言葉のように、人相や顔つき、雰囲気には、その人自身の性格や習慣、生き様が現れてしまうもの。

なぜ今、ここにきて「ビジュ」なのか。

背景として女性の平均賃金の向上や、自立志向の高まり、カタログ的に異性をジャッジできるマッチングアプリの浸透などいろいろな理由が考えられるが、つまるところ私は「いろいろなことに目をつぶれる」からだと考えている。

誰しも経験があるだろう。タイプの顔の人に謝られると、つい許してしまう。この野郎……！と思っても数時間後に寝顔を見ると、もういいかと妥協してしまう。自分の好きな顔というものは、パンパンに張り詰めていた怒りの風船から少しずつ空気をもらしてしまう魔法を持っているのだ。

そして「価値観の合う人を探せ」とは百万回ほど聞いたことのある言説だが、しばらく大人をやっていると、自分とぴったり価値観が合う人になど出会わないことに気づく。

この人なら、と思って一緒に住んでみると、お互いの潔癖度が致命的に違ったり、相手の発したひと言にぎょっとしたりして、勝手に裏切られた気分になる。

それと同時に自分の変なこだわりや悪癖、狭量さにも辟易《へきえき》して、「もういい。一生一人で生きていく」とすぐに崩れる決意をするのだ。

自分とぴったり価値観の合う人など、存在しない。

そんな悲しい前提に気づいた我々が「合わないところがあっても目をつぶれる人」を探して行き着いた結論こそ、「一周回ってビジュ」なのだろう。

今後はもしかすると、二周回って声、三周回って体臭、になるかもしれない。

だが何周回ったとしても、片目もしくは両目をつぶり合える相手がいいなと思う。

「好き」の気持ち、どこかに置いてきた問題

私にとっての図書館は、あたたかい匂いのするバイキング会場だった。

小学2年生で図書館の近くに引っ越してからというもの、週の半分をそこで過ごした。夏休みには毎日2〜3冊のペースで小説を読みあさった。定番の青い鳥文庫からYAコーナー、同じ背表紙を並べて私を試してくる文庫コーナー、詩集、一節もわからなかった哲学書、漫画付きの伝記……そのときどきで表情を変え、新参本が並ぶ図書館の棚は、20冊までお皿にのせられるバイキング台に見えた。そこに漂う木の温もりのような、もったりとした甘い匂いも好きだった。

手元に置いておきたい本や、予約が400件を超えるような人気本（ハリー・ポッターなど）は書店で調達したものの、飽くなき読書欲を満たそうとすると、家から自転車で5分の本の海に飛び込むしかなかった。ナップサックがはち切れるほどの本をカウンターに持っていき、「お、今日も多いねえ」と黒縁メガネを

かけたいつもの司書さんに笑われていた。

中学や高校でも、本を毎日読む習慣は続いていた。行き帰りの電車の中、内職をしても怒られない授業中、寝る前には必ず本を開き、好きな作家さんのトークイベントには2時間ほどバスを乗り継いで足を運んだ。

それなのに、大学に入ると、ぱたりと本を読まなくなった。刺激的なイベントや好奇心をくすぐるコンテンツが常に周りに満ちていて、読書の時間は私の生活から消え失せた。心理学や自己啓発本などの本は読んだものの、それはあくまでレポートや就活など何かしらの目的に沿って読むタスクにすぎなかった。

社会人になっても小説とは距離があいたままだった。たまに行きしなに書店に足を運び、話題の本をパラパラめくるくらいで、読書は1年に数冊程度だった。

ところがコロナ禍により、私は小説とヨリを戻した。家に引きこもりがちで、おかしくなった自律神経を整えようと湯船に入る習慣をつけ、暇つぶしにと防水のKindleを買ったことがきっかけだ。好きだった作家さんの本や、友人がすすめてくれた文学に触れ、読書習慣はじわじわ復活した。

1行でも早く体の中に取り込みたい、だけど読み終わるのはもったいない、というアンビバレントで贅沢な感覚を数年ぶりに取り戻し、ああ、この感じ、とうれしくなった。部屋のポコポコしたビニールクロスの壁紙に、夕影の黄色が映るのを眺めながら余韻を噛み締める。うなじのあたりがじゅわっと痺《しび》れて、素肌の下に熱いものがしみ込んでいく。誰とも共有し得ない自分だけの興奮に包まれる。あの子ども時代の時間が、確かに自分の手元に蘇った。

どうして忘れていたんだろう、という感傷的な気分にはならなかった。小説から離れていったのは自分で、本を読まなくなった寂しさは自覚していたから。代わりに、待ち合わせ場所に座る旧友の肩を叩くような、かすかな緊張感を覚えた。いざ会ってみると、な〜んだ昔みたいに話せるじゃん、と力が抜けた。

私たちは、心の中に無数の畑を持っている。感性の畑、向上心の畑、慈愛の畑、自尊心の畑。土の色も、実る作物も、咲く花も違う。

すべての畑をバランスよく耕すことは難しい。その義務も責任も負っていないし、気力や体力の限界もある。だからこそ、そのときどきの気分や時代で、放置される畑も出てくる。当然、耕されなくなった畑は徐々に荒れていき、私たちの足も遠のく。自分が夢中だったもの、守りたかった大切な場所も忘れて、ほかの畑を耕すことに夢中になり、荒れている様子に気づかないことさえある。

でも、ふとしたことをきっかけに、あるいは少しだけ意図的に、畑に足が向くことがある。億劫《おっくう》さを乗り越えて耕し始めると、こんなに長い間ほったらかしていたのね、と気づき、土を掘り返して水をやる。それが習慣となり、忘れていたその土の匂いを思い出す。

刺激という名の養分を与え続け、水をやり、手をかけると、硬くぼそぼそしていた土が軟らかくなる。ふかふかの大地に変わり、やがて芽が出る。

恋愛感情の畑は、数多ある畑の中でも、だいぶ世話が焼けるほうだ。恋愛の仕方を忘れた、「好き」の気持ちがわからない、二度と好きな人ができないかも、という悩みがよく聞かれるのも無理はない。

でもどんなに畑が荒れていても、畑の場所を忘れていても、いつか畑に呼ばれるから大丈夫だよ、と私は声を大にして言いたい。

目の前の人をもっと知りたい、とどくどくわき出てくる欲望も、貫かれるような失恋の痛みも、誰かに触れられる喜びも、戻ってくる。恋愛畑の植物は急に芽吹き、恐ろしいスピードで実をつける。今は雑草が伸び放題でも、大丈夫だ。耕地はいつか再生する。

その畑の復活には、外に出て、人と出会い、土に空気を取り込む努力が必要かもしれない。ドラマや漫画を吸収したあとの「あ〜〜恋したい」と思う気持ちが一滴の水になるかもしれない。

もしくは、ある日突然、畑の真ん前に引きずり出されるかもしれない。そのあとはきっと、勝手に養分が供給され続け、強制的に畑を掘り起こされてしまうだろう。その気がなくても誰かと出会ってしまうことはあるから。

そうよ私は合コン婚、隣の彼女はアプリ婚

時は「Tinder黎明期。2014年頃だろうか、大学の同級生から「海外で流行《はや》っている出会い系」と紹介されたその娯楽に取りつかれ、私はスワイプモンスターとなった。期末テストの結果も、右手親指の関節もボロボロだった。

当時、まだアプリでの出会いは珍しく、安全性確保のため女友達を数人呼んでグループ同士で会うことから私のアプリライフは始まった。Go◯gleや◇井物産など、合コン仲間の女子が就活で志望していた企業の男性に「いいね」を送りまくり、飲み会を依頼する。企業の生情報はダダもれ、今日のお夕飯はタダ飯。

明治安田生命の調査によると、2023年10月時点で直近1年以内に結婚した夫婦の4組に1組がマッチングアプリで出会ったという。都心部ではない、全国区の調査だ。私自身、友人がアプリ経由で開いた合コンに参加し、そこに来てい

た男性と付き合ったことがある。最近の結婚式では、「お二人はＡＩのお導きにより出会い……」と馴れそめを紹介されることもあるらしい。

一方で、「アプリで出会うのはちょっと……」という女性も一定数いる。マッチングアプリ自体を頭ごなしに否定するのではなく、アプリに登録したものの相手の雰囲気がわからず会う気がしなかった、2〜3人に会ってみたけれど話がつまらなくて退会してしまった、など少しだけ踏み出して「やっぱり私には向いていないわ」と結論づける人たちだ。だが話を掘り下げてみると、根底には「出会いの場の格」という偏見があるような気がする。無数にある出会いのパターンを、勝手に格付けしているのだ。

今の時代、出会いを求める人々には企業や自治体からさまざまな手段が用意されている。２０２３年末には東京都がオンラインのマッチングサービス（アプリ版も配信予定）の提供を始めた。利用料は無料、本人確認書類や独身証明書の提出が義務付けられていて、価値観診断テストの結果をもとにマッチする仕組みだ。アプリや結婚相談所のほか、相席居酒屋などという形態の飲食店も出現し、街でよく目にするようになった。ちなみに女性は無料で食べ飲み放題だ。

「アプリに抵抗あり」派の女性は、口ではアプリでの出会いを肯定しながらも、心のどこかで世間体を気にしており、積極的に出会いを求めることや、それを公言することは品がない、自然な出会いが望ましいと思っているように感じられる。

何を隠そう、この隠微な矛盾に気づいたのは、自分の見栄っ張りな発言がきっかけだった。夫との出会いを聞かれ、「飲み会で会いました」という言葉が口をついて出たことがある。実際は、ただの合コンである。目的が明確な合コンよりも「飲み会」のほうがカバーする概念が広く、友人が友人を呼ぶ雑多で偶発的な会や、結婚式の二次会、誕生日会なども含まれるため、なんとなく〝格〟が上の気がして「飲み会」とぼかしたのだ。正直に言うと、私は数年前まで、週に3日のペースで合コンをしていた。それはもう、歌舞伎町のカラスのごとくあさりまくっていた。転生前のカラス時代の自分が思い起こされ、つい見栄を張ってしまったのだ。

「渋谷のタワレコでCDに伸ばした手が重なって……」「カフェに置き忘れたス

マホを拾ってくれたのが今の彼で……」とか言ってみたい人生だった。

結局、私も「マッチングアプリは現代の教養」「合コンは筋トレ」などと口では言いながらも「素敵な馴れそめランキング（自分調べ）」の1位に「偶然の出会い」とやらを据えていたのだ。「その気はないのに出会っちゃった」出会いこそが本物だ、と。

ああ、こんな時代に生きながらも、我々は運命的な出会いを格上に見る感覚をぬぐえないのだな、と実感する限りだ。


だが、その考えをもう一歩進めてくれる出来事があった。

かつて仲のよかった友人と数年ぶりに集まる会で、一人だけオレンジジュースを飲む、おなかの大きい女友達がいた。

私が一番衝撃を受けたのは、彼女がアプリで知り合った男性と結婚していたことだ。だって彼女は、筋金入りのお嬢様だ。都内や京都に店舗を複数構える老舗の娘で「ごきげんよう」が飛び交う某女子校に小学校から大学まで通っていた。

私が知り合った大学生時代は、隠れ肉食系女子として名を馳《は》せていたが。

こんなお嬢がアプリ婚をする世の中なのだ。もうアプリは「出会いがない人の駆け込み寺」でも「体目的と詐欺師しかいない無法地帯」でもないな、と体がじんじん熱くなり、興奮と感動を覚えた。

20代半ば、彼女は相当すさんでいたという。温泉旅行にまで行った相手が既婚者だということが判明し、さんざん病み、アプリで男と連れ合う日々。不完全燃焼だったデートのあとに寂しくなり、そのまま位置情報が近かった男性と夜9時にデートの約束を取りつけたという。「男遊びは最後にして、いったん身を落ち着けよう」と心に決めて。そこに現れたのが今のパートナーであり、愛娘の父親だ。痛い目を見ても、最後のひと口だけガッツリいただこうとする心意気は素晴らしい。そして引きが強すぎる。

だが、まがりなりにも老舗のお嬢。ご両親や親族からの反対はなかったのかと聞いてみたところ、彼女は愉快そうに笑いながら言い放った。

「言うわけないじゃん！　サークルの友達の紹介で出会ったことにしている」

そうか、「後ろめたい気持ち」を後ろめたいと思う必要はないのだ。

アプリはちょっと後ろめたい、それでいい。本当は出会いが欲しい、結婚をうっすら焦っている、それでいい。人に大っぴらに言う必要はない代わりに、自分にだけ正直でいればいいのだ。偏見も後ろめたさも全部自分で抱き込んで、出会いに期待しないふりをして、アプリや合コンにこっそり励もう。

カッコ悪い自分を後ろ手に隠しながら、親にはしらじらしい顔で「サークルの友達の友達」と言えるしたたかさを、携えて生きたい。

【悪用厳禁】結婚について彼の本音を探る裏ワザ

「なんか、面接みたい」

この言葉とともに何度失笑されたことか。

友人たちは私からの質問攻めに慣れているが、どうやら会ってまもない人には私は面接官に見えるらしい。

学生時代は何か部活に入っていた？　なんでそれを選んだの？　子どもの頃の夢は？　友達からはどんな人だって言われる？　譲れないこだわりってある？　最近一番お金をかけていることは？

私は相手に興味を持つと、つい面接官になってしまう。

詰めているつもりは毛頭ない。ただ、相手の〝人となり〟を知りたい、答えるときの相手の表情やスピードを見て、たくさんの情報をもとに相手がどんな人なのか想像したい。そんな不躾《ぶしつけ》な願望が裏には潜んでいる。

この失礼な悪癖のせいで、読者や周りの女友達から寄せられる「結婚について
どう思っているか彼の本音を知りたいけど、切り出し方がわからない」という悩
みにはなかなか共感できなかった。「結婚したいって思ったことある？」「子ども
欲しいって思ったことある？」とドストレートに聞く体当たりスタイルばかり過
去に実践してきたからだ。

だがこのような質問ラッシュには相手は圧を感じるらしく、それは私の本意で
はない。初対面の場や大事な相手との会話において距離感を見誤るのは、コミュ
ニケーションにおいて致命的だ。

そこで考えを巡らせた私は、本当に聞きたいことの前にワンクッションを置い
てみると面接官呼ばわりされないことに気がついた。

「私はこうだったんだけど、あなたは？」のand you?方式や、「巷ではこう言わ
れていますが、あなたはどうお思いで？」のご意見番方式だ。

インスタントラーメンに卵を落とすと味がまろやかになるように、このワンク

ッションのひと手間を加えると私の不躾な質問も少しだけ丸みを帯びる。

前作『そろそろいい歳というけれど』でも触れたことだが、結婚なんて「したい」と思ったほうから話を持ちかければいいし、女から多少の圧をかけても、プロポーズをしてもいいと思っている。

映画のエンドロールで「早くしないと私から言っちゃうよ?」とソファの下から彼を見上げた彼女、新年の抱負で「今年の目標は結婚かな〜。エントリーする?」と彼にふっかけた彼女の話も書いた。結婚の話は押し売り営業ではなく、交渉と考えよ、とも。

とはいえ、プロポーズへの透明な滑走路を全員が敷けるわけではない。いきなり結婚の話題を出すと彼に嫌われるのではないか、重い女だと思われないか、と葛藤を抱く女性も少なくないだろう。

そこで、先ほどの回りくどい「ワンクッションのひと手間」を加えるといい。

話の導入としては、周りの友人や著名人の結婚ニュースでいいだろう。

「○○さん結婚したってね」のあとに「なんで人は結婚するんだろうね」とご意見番方式で質問を投げかけてみるのだ。

面倒な改姓手続きを踏んででも法律婚する人があとを絶たないのはなぜだろうね、と（結婚したくない人もいる前提は崩さずに）問うてみるのだ。

町から出ていく若者があとを絶たないねえ、と独りごちるおばあさんのように。

次の彼の一声こそが、彼の「結婚観」「家族観」を探る一手目となる。

好きな人と一緒にいたいから、老後が不安だから、子どもを持ちたいからなどの、無難かつ王道の答えが出てきたら、「あんたはぶっちゃけどうなん？」とand you?方式に持ち込めばいいし、「社会的圧力」などのややネガティブなワードが出てきたら、彼はそこまで結婚に積極的でないと解釈できる。

万が一、彼が「さあ」のひと言で切り捨てたり、話題をそらしたりしたならば、少なくとも今は結婚の話題を避けたい、ということだろう。

目の前のあなた、ではなく顔の見えない〝人々〟を主語にして質問をすることで、結婚についての話題のハードルがぐっと下がるはずだ。

人の本心を探ることはとても難しい。

心の中にまでAirTagはつけられないし、そもそも本人が自分の本心を知っているとも限らない。人は都合の悪い本音を自覚することで、心のやわい部分ががれてしまったり、新たな悩みや面倒ごとが増えてしまったりもする。


人に問う、ということは、ときに泥のついた手を他人の懐に突っ込むような、暴力性を帯びた行為になりうる。

誰だって本当は脳の中をかき分けずにすむ楽しい話をして、穏やかな気持ちで眠りにつきたいはずだ。

「ハーゲンダッツで一番好きなフレーバーは何？」とか「1週間行くとしたら沖縄か北海道どっちに行く？」とか。

両者の心をえぐることも、相手を自己保身に走らせることもなく彼の本音を聞き出す方法があるとすれば、それは「社会を俯瞰《ふかん》する僕」という安全圏からいったん語ってもらうことだろう。

心の風邪にも万能薬なし

生まれて初めて夏風邪をひいた。朝起きて喉のヒリつきを感じてから、すぐに龍角散と蜂蜜を溶かした紅茶を常時飲むようにし、市販の風邪薬を飲んだが……ダメだった。

翌日には喉の痛み＋咳＋鼻水のトリプルコンボに見舞われた。真夏にひどい風邪をひいたのは初めてで、戸惑いながら病院で検査を受けたが「ただの風邪」とのことだった。

飲み歩いていたわけでも睡眠不足だったわけでもなく、ただ単に免疫が落ちていただけだ。丈夫さだけは自信があったのに。

かみすぎてガサガサにむけた鼻を保湿し、ゴミ箱にゴールし損ねたティッシュの山を見ながら思ったことがある。

世の中には〝風邪のひき始め〟に飲む風邪薬が多々あるが、風邪の気配を喉奥に感じたときにはもう手遅れではないだろうか。

経験上、「風邪かも」と思ったその日から、どう足掻《あが》こうが、喉の痛み、咳、鼻水を一巡する羽目になる（私の風邪はたいてい喉から）。

風邪の症状を入り口で止めようと躍起になるより、これから発症するであろう、うっとうしい痛みや不便さに備えておくほうが賢いのかもしれない。対策を施したあとは通り過ぎるのをただ待つだけ。その点で、風邪は台風に似ている。痛む喉や鼻を保護しながら、自分の免疫で自然治癒するのを待つしかないのだろう。

心もたまに風邪をひく。

風邪のような、「病気ではないが明らかな不調」モードに入るときがある。心の不調が数週間にわたるようであれば、「風邪じゃないかも」と疑って専門医を受診すべきだが、私の心の風邪は数日で過ぎ去る。

誰かに言われたひと言や将来への憂慮がふつふつとわき上がってきて、自分の心にまとわりつく。思いどおりにいかない日々に嫌気がさしたり、自ら進んで他人と比較して心を削られたり。それがホルモンの動きや天気や気圧と相まって、心が「不調モード」を患うので非常にやっかいだ。

へこんだときは、落ち着いて自分を客観視すべきだと言われてきた。今の状況や気持ちを紙に書き出して、言語化し、整理し、現状を分析する。

過去に何度も実践してきたが、この方法は悩みの解消には有効でも、心の風邪にはなかなか効かない。

心の調子がよくないときには、自分を見つめること自体がしんどいからだ。自分の気持ちから視線を外せず、思考がぐるぐるするばかりで苦しい。

しかも、心の「不調モード」時はたいてい自分のことが嫌いだ。嫌いな人間を分析し続けるのは愉快な作業ではない。

ひたすら寝る、という旧来の対処法も万能ではない。心がひどい風邪をひいたときは、睡眠の質も落ちる。

半日寝たあかつきには、時間を無駄にした自己嫌悪に苛まれてしまう。これでは逆効果だ。

体の休憩にも限界を感じ、脳や心を休めようと「ぼーっとする」ことを試みたが、これも難しい。

森の中でもあるまいし、結局、部屋でぼーっとしてみても、自分の思考や悩みと近接してしまい、嫌いな自己から逃れられない。近所の公園に出向いて緑を摂取しようかとも思うが、着替えたり日焼け止めを塗ったりすること自体が面倒くさく、玄関のドアが魔界への扉のように禍々《まがまが》しく感じられて無理だった。

自宅から一歩も出ずに、心の風邪をなるべく〝ペインレス〟にやり過ごすためにはどうすればいいかと苦慮した結果、最近実践しているのが「ながら入浴」だ。

脳と体に適度な刺激を与え、「何かをしながらリラックス」することで、神経を内ではなく外に向かせるのだ。ただ入浴をするだけでは手持ち無沙汰すぎて、自己分析魔が再来するから。

大学に入り、夜行性に拍車がかかって以降は入浴の習慣がなかったが、コロナ禍で在宅時間が増え、久しぶりにお風呂に入ってみると、「温かいものに体をつけること」の効能を再認識した。

家での入浴時にはバスオイルや発汗剤など、その日の気分で何かしらをお湯に入れる。お湯の中に入ると、浮遊感や解放感とともにじわじわと血管が開いてくるのを感じる。シンプルに気持ちがいい。心がずーんと沈んで何も手につかなかった休日でも、「まあ、ちゃんとお風呂に入って汗かいたし」とかすかな達成感が残るのも大きなメリットだ。


私的〝お風呂セット〟はスマホとKindleと2Lペットボトルの水の3点だ。お風呂に体を沈めながら、芸人のラジオやお気に入りのPodcastをかけ、数分おきに湯から出て水分補給を行うだけ。

熱が体の深奥《しんおう》にしみ入るのを感じながら、誰かの何らかの話に耳を傾けていると、暴れ散らかっていた感情が徐々に落ち着くのを感じる。

体に水圧や熱の負荷をかけて発汗させ、脳に外的刺激を与え続けることで、「不調モード」の自分から距離をとり、自分に向き合わずにすむのだ。

「聴きながら入浴」に飽きたら、防水のKindleをお供に「読みながら入浴」に切り替えればいい。

お風呂から上がって体を洗うときも、スマホから何かしらのコンテンツを流し、とにかく耳に集中しながら洗身ルーティンを終わらせる（音が聴こえにくいときは浴室の壁にわざと反響させるとよい）。

このようにして、なんとか自分から視線を外し、数日耐えしのぐと、だんだん気持ちが上向いてくる。結局「不調モード」はたいていの場合、悩んでも仕方ないことに悩み、考えても和らがない痛みに敏感になっているだけなのだ。

風邪を治す薬がないのと一緒で、心の不調にも一発で効く対処法など存在しないのだろう。

どんなに気をつけていても心の不調モードは訪れる。

そのときはまた、心と体を温めながら自分の免疫力を信じ、時間が過ぎるのをじっくり待つだけだ。

「私は不幸」という名の泥だんご

友人関係についての相談を受けることがある。

ライフステージによる分断については拙著『そろそろいい歳というけれど』で長々と綴《つづ》ったが、どうやら仕事やパートナーや子どもの有無にかかわらず、「なんかぎくしゃくしてきたぞ」という現象が多発しているようだ。

あれほど仲がよかったのに、なぜかこの人といると心が疲れる、連絡をとるのが億劫になってきた、集まりに顔を出さなくなった……。

私も、なんとなく心に余裕がない時期に、定期的に集まっている旧友との飲み会をスキップした経験がある。気分の起伏が激しい友人と距離をあけてしまったこともある。昔は一緒に悩んだり考えたりできていたのに、どうにも心が摩耗して、連絡をとる気にならないのだ。

いくつになっても、人間関係は難しい。学生時代と違って頻繁に会えないうえに、職場や家庭での小さな問題はテトリスのように無情に積み重なる。お互いに波がある中で、いいタイミングといい距離感で友達で居続けることの難しさをひしひしと感じるのだった。

でも最近、偶然出会ったおばさまのひと言にちょっと救われたことがある。彼女とはフィンランドから日本への飛行機で隣り合った、本当に偶然の出会いだ。乗り継ぎが無事に終わり、安心と疲労に包まれながら離陸の揺れに身を任せていると、窓から無数の湖が見えた。まだらに散らばった大小の湖は、青々しく茂った森と絡み合うようにして静かに空を映していた。なんじゃこの神秘的な自然は、と興奮しながら写真を撮っていると、「すみません」と遠慮がちな声が左から聞こえてきて、私は身を引いた。通路側の、メガネをかけた淑女がiPhoneのレンズをかざしていた。

あいにく飛行機はあっという間に上空へと上がり、彼女のフォルダには雲がかった写真しか残らなかった。私は興奮したまま「私の写真、よかったらどうぞ」と土産物のまんじゅうを配るかのごとく、素人の空撮をエアドロップした。彼女がにっこり笑う。左右対称のきれいな八重歯がのぞいた。

八重歯のおばさまは、かつてボーナスをすべて海外旅行につぎ込むほどの旅好きだったらしい。なんと一人でメキシコやケニアも訪れたという。スマホもGoogleマップもない40年前に。

結婚し、3人の娘の子育てを終え、コロナ禍も落ち着いたため数十年ぶりの一人旅を再開したそうだ。今回の旅程は、フィンランドに住む長女の家に数日滞在したのち、ポーランドに1週間ほどステイ。死ぬまでに一度訪れたかったというアウシュビッツ強制収容所のツアーの話から日本での週末の過ごし方まで、いろいろな話を伺った。食と仕事が生きがいの夫は今回はお留守番だったこと、週末は犬の散歩をしたり英語の勉強をしたりして楽しく過ごしていること、専業主婦になってから税関で「無職」と書くたびにもやもやすること。

彼女は郊外に居を構え、学生時代の友人やご近所さんなど種々のコミュニティで不定期に集まっているようだった。

そこで私はどうしても気になって、友達付き合いについて尋ねた。

「仕事やパートナー、子どもの有無で友人と疎遠になることってありませんでしたか？」

嫌な思いをさせただろうか、と左隣を見たが、彼女は気分を害した様子もなく少し間をあけて答えてくれた。

「本人が幸せかどうか、が一番大事ねえ。幸せな人とは友情が続くかな」

幸せな人とは友情が続く。なんとなくわかる気がする。だが、まだ真意はつかめない感じ。八重歯のおばさまは身近な例を挙げて言葉を続けた。インスタを始めてから外食や旅行の写真をアップしていると、毎回のようにコメントをくれる友人がいた。その人はメッセージのやりとりをするたびに「いいなあ、私なんてお金も時間も余裕がないから行けないわ」と伝えてくる。それに嫌気がさしてSNSに写真をあげることはやめた。自分が気を遣わなければいけない人とは、どうしたって自然に距離があいてしまう、と。

凡百《ぼんびゃく》な例ではあるが、そういうことか！　と心の中のドンキーコングがドコドコドコと膝を打った。

友人と過ごしているのに、居心地の悪さを感じる瞬間。心を削りとってくる敵の正体。かすかな生臭さを放つ「奴」の姿が見えた気がした。その正体は、自分か相手、もしくは両者の「私は不幸」という薄暗い感情ではないだろうか。卑屈さや妬《ねた》み嫉《そね》み、「どうせ私なんか」といういじけた気持ち。

かすかな痛みに蓋をしたまま無理に誰かと会話を続けると、痛みは粘着質のぬかるみとなって、自分の外に表出する。言葉が空回りしたり、とげとげしい態度をとってしまったり、自分や他者を卑しめるような発言が口をついたりする。思い返してみると、「私はこんなに大変なのに」「私は今、痛いのに」という泥を丸めて大事な人に投げたことも、投げられたこともある。

誰にも会いたくない、と引きこもっていたあの時期、どうせ誰かに会っても今は泥だんごをぶつけてしまうだけだ、と私は知っていたのかもしれない。だとすると、心の不調期に友人との会合を控えるのは「拒絶」ではなく、むしろ思いやりに近い自重の念とも解釈できる。

人は、人目につかない場所にたくさんの事情や傷を抱えている。不幸というものは、波のように満ち引きして、私たちの足をすくいとる。友情だって流れ動くものじゃないだろうか。絶えず押し寄せる幸と不幸の波間を、よろめきながら歩く自分。同じように歩んでいる他者。その二人の距離感を固定しようとすれば、そりゃあうまくいかない。連絡が途絶える時期や会わない時期が生じるのは自然なことで、健全なこと。人間関係とは断続的で流動的なものだと、お互いに思い置きながら付き合うことが、長い人生で友情を持続させる唯一のコツなのかもしれない。

入籍前の独立宣言

結婚したよ、と告げると、たいていい驚かれる。

あんたみたいな人間が誰かと暮らせるなんて、という失礼な驚きではなく、あんた全然生活変えてないのに一体いつの間に？　というまっとうな驚きだ。相変わらず夜も飲み歩いているし、この前一人旅してたじゃん、と。

入籍と言うと、しがらみのおせち、みたいなイメージを持っていた。一の重には（どちらかの）改姓手続きや顔合わせなどのタスクが、二の重には共同生活、家計管理、親戚付き合いなどの面倒ごとが、三の重には有事の際にケツを持ち合うという重すぎる責務がぎゅうぎゅうに詰め込まれている。

挙げ句の果てに周りの人からは「〇〇の嫁」呼ばわりされたり、話の流れで「おたくはどう？」と二人ワンセットで語られたり。

そのパンドラのおせちを開けて入籍する気になったのは、相手が私に何一つ期待していなかったからだ。私は、婚約から結婚までの間、居間の真ん中で何度も独立宣言をした。

「たとえ結婚しても生活は変えないからねッ！　家事の分担も生活リズムも！」

返ってくる答えはいつも同じで、「1ミリも期待してない」と面倒くさそうな声。こちらに目もくれず即答するその姿に、ありがてえ……この人と一緒にいたらラクで楽しいかも、と思わされた。

そして認めるのは癪《しゃく》だが、私は当時の宙ぶらりんな状態への窮屈さを感じていた。子どもやキャリアについて考えを巡らせるときに現れる、「私って結婚するん？　それっていつ？」という不確定な変数が邪魔でしょうがなかった。結局、私にとって、独身ライフの気楽さを保つより、たくさんの変数を扱う煩わしさの排除のほうが大切だったのだろう。過度な自由は、ときに不自由を呼び寄せる。

実際、入籍してみると、結婚生活なんてものは同棲を少し煮詰めたくらいのものだった。どちらか一方は出社していることが多いので、基本的に朝から夜まで顔を合わせることはないし、生活リズムも部屋も違うので一度も顔を見ない日もある。夜ご飯も時間が合えば一緒に食べるという感じで、二人ではなく一人と一人のまま快適に暮らすことができている。

財布もバラバラで、家賃や光熱費、外食費は半々。日用品や食料の買い出しはなんとなく交互に行い、最近私ばっかり補充している、と思えば次回以降で調整してトントンに。

危惧していた親族の付き合いも、1年に一度くらい顔を合わせようね、というゆるいテンションだ。自分たちの親がどう感じているか、その腹の底はわからないが「自立しているのだから親の意向に従う必要はない」という意思をときどき二人で確認し合っている。

親たちから感じる唯一の圧は、式はいつ挙げるのか、というプレッシャーくらいだ。のらりくらりかわしてきたものの、最近は壁際に追い詰められた感じがする。私もウエディングドレスなるものを着てみたい気はするので、少人数の家族婚は行う予定だ。

結局、「夫婦になったら」の先を勝手に想定してジタバタしていたのは自分自身で、知らず知らずのうちに自分に役割をかぶせていたのだろう。

SNSやネットの記事、友人からの口コミ情報を通じて、他人の現実を自分の現実にないまぜにしていたのだ。妻が夫に作る手料理、正月や盆の親戚付き合い、早寝早起きの規則正しい生活。「偉いな〜私には無理だ」とヘラヘラしながら、自分も結婚したら変化を余儀なくされるのだろうか……とダサい不安を抱えていたような気がする。

でもやっぱり無理だ。部屋をきれいに保ったり、毎朝8時に起きたり、そういう生活は私にとって無理なのだ。だから何度もヒステリックな宣言をして「変わってたまるか」と鼻息荒く意気込んでいた。結婚しても仲間外れにしないでね、飲み会に誘ってね、とチラシを配るように友人に触れ回った。

「結婚」は案外自由だった。それは、「夫婦だから」「家族だから」という規範を自分たちの生活に侵食させない気概を維持しているからだろう。同棲と結婚の間に段差をつくらず、なめらかな地続きにしようという私の企みの成果であり、パートナーに何も期待しない相手の寛大さの賜物だ。

夫婦のキャリアは早い者勝ち？

一つ上の先輩が3カ月の育休をとるという。打ち合わせの終わりに、彼は育休取得の報告をした。業務のタイミング的に、体制に大きな影響があるわけではなかったが、少しだけ肩に力が入った。その3カ月は、今より気合を入れる必要があるのだろう、と。

同席していたマネージャーは一瞬フリーズして、笑顔と呼ぶには無理がある表情で応答した。

「おおーマジか、定例は出られるの？」

週2回の定例ミーティングのことか。うん、出られるわけないやろーーー！と私の中のモーレツ関西人が彼の頭をハリセンで殴打した。

「定例は出られないっす」先輩も同様に、ほほえみのできそこないみたいな表情を貼りつけて答えた。呆《あき》れているようにも、申し訳なさそうにも見える顔だった。

マネージャーも微妙な空気を察したのか、「そうだよね」とつぶやいた。育児休暇は休みではない。雇用保険から賃金の最大67％が給付され、責任を持って命をケアするハードな労働期間だ。「育児出向」みたいな名前に変えたほうがいい、と思っていたら、男性の育休取得率を上げるべく2022年に東京都が「育業」という〝愛称〟を採用していたらしい。この言葉を使っている人は、まだ見たことがない。男性の育休取得率は2割にも満たないのが現状だ。

ハリセン事件からひと月ほどたったある日、同い年の友人と平日の昼休みにランチをとった。ここ最近、平日にまともにお昼ご飯を食べた記憶がないという。自分の心身が削りとられていく危うさを感じた彼女は、給料を下げてでもいいから早く帰れる会社への転職を視野に入れようと、エージェントに登録した。ところがその後、夫と妊活を始める時期について話し合った際、「今の会社なら産休・育休もちゃんととれるからよかったね」と言われたらしい。彼女は新卒で入った日系大手企業で働いているが、夫は数年前に日系大手からベンチャーに転職をした。そして夫は、2〜3年以内には起業を考えているという。

「自分だけ自由に仕事変えて、私は今の会社に居続ける前提なの？　なんか不公平すぎない？　って思っちゃった」

まあこんなこと本人には言えないけど、と彼女はつけ加えた。うまく言葉に昇華できない歯がゆさが爆発しそうだった。家計という共通のお財布を持つ以上、夫婦のキャリアは早い者勝ちだ。多くの女性が就活のときから産休・育休のとりやすさや、復職後の継続率について考えている一方、男性のキャリア形成にその変数は入ってこない。夫がリスクをとって自分の道をぐんぐん開拓するのは、彼女としても応援したいところ。だがそれは、パートナーである自分が家計を支える安定収入の軸になることを暗に意味する。出産や育児を理由に仕事をペースダウンする自由が失われてはいないだろうか。

福利厚生の整った企業で女性が定年まで働けるのは喜ばしいことで、今後さらに社会に浸透させるべきこと。何の疑問もなくそう考えている人々は多いだろう。私もその一人だ。だが裏を返せば、一度大企業に入った女性は、乗ったレールから非常に降りづらい構造になっている。時差出勤や在宅勤務など柔軟な働き方が許される規模の会社、業界、業種から身動きがとれなくなり、彼女の夫のような、ベンチャーへの転職や起業、フリーランスへの転身など「冒険系のキャリア」に飛ぶことは選択肢から消える。降りることも、飛ぶことも許されない風潮ができてしまっているのではないだろうか。本人の意思にかかわらずキャリアが固定化される怖さを感じるのだ。

減少し続ける労働力の確保のため、政府と各企業は「女性活躍社会」の実現を進めてきた。女性の管理職を増やせ、平均勤続年数の男女間ギャップをなくせ、子育てとの両立を支援しろ……。その結果、女性の職場定着は確かに進んだ。だが、もう片方の大きな車輪である男性側の事情は、あまり配慮されてこなかった。男性は男性で、育児に参加しなければ非難され、育休を取得する際には恐縮し、なんだかんだ言っても家計を支える最後の砦《とりで》は自分だというプレッシャーはぬぐえないだろう。

そして、欠員補充が難しい職場では、育休・産休取得者や子どもの発熱対応者の周辺にいる人々にしわ寄せがくる。当事者も、その周りの非当事者も、種類の異なる大変さを抱えている。

「産後パパ育休」の創設、出産一時金の増加など、子育てしやすい制度と環境の素地はほんの少しずつだが進んできているように思える。だがその渦中にいる当事者の負担、非当事者の不満、〃未〃当事者の不安の問題は、まだまだ根深い。

過渡期には、必ずゆがみが生じるものだ。かつて体育で行った行進のように、一糸乱れず全員が足並みを揃えるのは難しい。しかも全員で走りながら急カーブを曲がろうとすると、当然、転ぶ列も出てくる。

夫婦間の職業選択において不公平感を限りなくゼロに近づけるにはどうすればいいのか。周りからの決めつけやプレッシャーをどうかわせばいいのか。責任が増えたとき、自分の望むワークスタイルをどこまで貫いていいものか。育児に限らず、「どうしようもない事情」での欠員を企業はどこから補充すればいいのか。

育児や介護や体力の低下など、さまざまなきっかけで迎えるキャリアの踊り場を想定して今から準備できることは何か。構造的に、私たちが準備しえないことは何か。「両立」の二文字を見ると、問われている気分になる。

どの婚活記事にも書いていない真実

友人のK子はペロッと下唇をなめて打ち明けた。

「この前、ミーティング終わりに椎名さんとランチ行ったの。二人で」

身構えた。K子は同じ職場の「椎名」という男性に恋をしている。彼女の隠し撮りした写真を指で引き伸ばして見た限り、椎名はシュッとした30代半ばの短髪男。いつも落ち着いた話し方で、仕事もできて上司からの信頼も厚いようだ。だが彼は妻子がいる身。K子は彼への思いをひた隠しにして生きてきた。

「椎名さんが今の奥さんを選んだ決め手は何ですか？ってストレートに聞いちゃった」

ぎょっとした。ある程度の分別がつくはずのアラサーが不倫沼に足を突っ込むなんぞ愚かしい。性欲という名の汚物の処理場になるだけだ。椎名め、職場の後輩に手を出す情けない男よ。だいたい苗字がチートだ。連想するのは林檎か桔平、どちらもカッコよすぎるじゃないか。ああ、椎名誠もいた。彼もクールだ。片思いというものは、打ち明けない限り永遠に続く恋の冷凍保存だ。そのまま冷凍庫に入れたまま忘れ去るのが吉。解凍するのはやめておけ、ぐちゃぐちゃになるのが目に見えている。

ばか野郎、と私は口を開きかけた。

「私、そろそろ真剣に結婚相手を見つけようと思うんですけど、ぜひ参考にさせてくださいって」

風向きが変わるのを感じ、早とちりをした私は口を閉じた。予想した展開とだいぶ違うようだ。K子は言葉を続けた。

いきなり重めの任務を負わされた椎名は戸惑いつつも、ひたむきなK子の勢いに押されて真摯《しんし》に相談に乗ってくれたらしい。

今のパートナーとは高校時代の友人の紹介で知り合ったこと、お笑い好きという共通点があったこと、話が面白く友人も多いが、週末は一人の時間を大切にしているところに惹かれたこと、など。結婚の決め手となったのは、彼女のキャリアへの考え方だった。結婚や子どもの有無にかかわらず、自分は仕事を辞めない、という彼女の考えに、椎名は心をがっしりつかまれた。というのも、一つ前の元カノは専業主婦願望が強かったが、椎名自身は断然共働き志向で、経済的に自立した女性がよかったという。また、椎名はおでこを出したショートカットの女性がタイプで、たまたま彼女の髪形がドンピシャだった。

外見の話に触れる際、椎名は注釈をつけたという。顔や髪形、ファッションなどの見た目は男性の間でも大きく好みが分かれるため、無理に参考にしなくてよい。ただ、他人に依存しない余暇の過ごし方や自立した考え方に関しては、自分や周りの男友達の中で共通しているものがある、と。

K子の吸収力は犬用ペットシート並みだった。そして鬼の行動力をあわせ持つ。「飲み会と韓ドラ」しか趣味がなかった自分を見直し、その日のうちに家の近所の習い事を検索したというから、あっぱれだ。グループで行う料理教室とマンツーマンのボイトレに通い始め、もともとカラオケ好きの彼女は、ヒトカラと洋楽鑑賞という趣味を手に入れた。またスキマ時間でお笑いの動画やラジオに触れ、話のセンスをごしごし磨いたという。そういえば、K子のインスタには芸人のエッセイ本があがっていた。見上げた努力だ。

髪形は変えていないが、3キロほど痩せ、服をフェミニンなものからカジュアルめのパンツスタイルに寄せたらしい。料理教室は2カ月で退会。

「婚活」「就活」という言葉には「市場」という冷たい語句が続くことが多い。自分自身を商品と捉えたときに、誰にどう売り込むか。人々に魅力的に見せ、なるべく高く売るにはどのようなアピールが最適か。冷たい言葉というものは、だいたい世知辛く、真に迫っている。パートナー探しも職探しも需給の釣り合いが肝要で、まさに「市場」の力学そのものだ。自分の持つ何かしらの魅力が相手のニーズに突き刺さらない限り、マッチングは成し得ない。

K子の素晴らしい点は二つある。まず一つ目は、その大胆さ。相談しやすい知り合いの女性ではなく、自分がいいなと思う男性にヒアリングをカチ込んだことだ。つまりそれは、顧客の生声を聞きに行ったということに等しい。家庭のある椎名と結ばれることはかなわないが、彼や彼の周辺の男友達は、間違いなく彼女が求めている「顧客像」であり、椎名の意見は彼女が一番傾聴すべきものだ。

素晴らしいことその二は、目のつけどころ。彼女は売り込み方ではなく商品自体について教えをあおいだ。もし私なら、自分の売り込み方、つまり営業手法について相談してしまうだろう。巻にあふれる婚活記事にも、営業手法のハウツーばかりが書かれている。効率的な出会いの場、効果的なアピール方法、明日からできる思考の変え方など。そのほうが読者に好まれるからだ。耳触りのいい言葉で優しく語りかけ、ちょっとした工夫で私たちの恋愛がうまくいくと思わせる。そう見せかけてPVを稼ぐ。だって私たちは、自分自身を変えようなんて毛頭思わないから。「自分磨き」というボロ切れのように使い古された言葉に心は動かないし、自分磨きをすすめる記事にはダイエットやエステ、スキルアップなど、ありきたりで漠然としていて、かつ信憑性《しんぴょうせい》の低い言葉が並ぶ。

物を売るときの原則は、売り場の一番目立つ場所に、お手頃な価格で商品を置くことだ。だが一番大事なのは、商品そのものの価値。たとえばマツキヨの手前の棚に有名な育毛シャンプーが100円で陳列されていても、私は目にも留めないだろう。私の毛量は多すぎて母親に分けたいくらいだから。

商品が思ったように売れない場合は、ターゲット層を見直すのが定石だが、あいにく私たちは人間なので、そこは難しい。好みはそうそう変わらないし、好きな相手に好かれるための努力をしたい。ちなみに「求める相手のスペックを見直してみよう」というターゲット戦略の提案も安易な婚活記事あるあるだ。

多くの婚活プレイヤーが〝営業手法〟を変えようと躍起になる中、K子は商品改良という最大の打ち手を見逃さなかった。椎名という理想の顧客に対して、パートナーに惹かれたポイントや結婚の決め手を聞き込み、自己に取り入れ、日々の生活で実践して本当に自分を変えることに成功したのだ。時間も気力も要するし面倒だけれど、これは一番ダイレクトな解決法だ。

この商品改良プロジェクトが始まって数カ月の間、K子は「アプリ」と「友人の紹介」という販路を開拓し、十数人の男性と逢瀬《おうせ》を重ねた。現在、同い年の未婚男性と交際中だ。彼のLINEのアイコンを見る限り、なんとなく雰囲気が椎名に似ている。ジェネリック椎名じゃん、と送った私は強めのカウンターパンチをくらった。

「椎名さんよりいい男だよ」

「こっちの水は甘いぞ」

「俺、会社辞めたわ」

ええ、と声がもれた。彼が辞めるなんて。よほど魅力的なスカウトを受けたのだろうと思ったが、様子が違うようだ。エンタメ産業で働く彼は新卒からずっと同じ会社、同じ職種で経験を積み、30歳手前にしてプロデューサー的な立場で企画進行や制作に携わっていた。いつもだるそうに仕事の話をしているが、「次はこれがやりたくて」「これはおかしいと思ってて」と仕事のネタには事欠かない人間だった。彼は突然、望んでいない職種への異動内示を受けた。彼にとっては青天の霹靂《へきれき》で、戸惑いと会社への疑念を感じながら、今の会社で違う職種に転向するか、会社を出て同じ職種を続けるかという葛藤に1カ月ほど悩んでいたのだ。

「毎日、人と会いまくった。途中からアドレナリン出てきた」

内示を言い渡され、目の前が真っ暗になった彼だが、次の一歩目は早かった。翌朝、今まで仕事でかかわったことがあり、ある程度信頼を置いている社内外の人たちに片っ端から連絡をし、電話のアポイントメントやお茶の予定を取りつけた。1社目を辞めて転職・独立した「出た組」と、1社目で勤務を続けている「留まった組」がだいたい半々になるようにして、とりわけ望まない異動や転勤を言い渡された経験がある人を含むようにした、とのこと。

彼がひと月に会話をした人は50人に上る。年代は20代から50代。いつも気だるそうにしているコイツのどこにそんな隠れたエネルギーが……と私はおののく思いだった。

「いろいろ意見はあったけど、最終的な結論としては全員が全員、自分が過去に選んだほうをすすめてきたよ。面白いくらいに」

なんと、「出た組」はこれを機に会社を飛び出して別の場所で働いてみることを推奨し、「留まった組」はいったん内示をのみ込んで会社に残ってみることをすすめたという（「自分が君の立場ならこうする」という控えめな意見も含め）。

彼が怒涛の相談ラッシュ期間を通じて得たものは、双方の道のリスクやメリットよりも、「結局、人は自分の選択を肯定するようにできているのだ」という腹落ち感だった。たとえそれが前向きで純度の高い納得でも、自己欺瞞《ぎまん》でも。

そして彼は会社を辞めてきた。最後のひと押しは、理屈ではなく会社に抱いた感情だったという。

「ダメもとで上司と役員に掛け合ってみて、やっぱりダメだった。一回出た内示は覆せないらしい。その絶対的な内示を俺に出したのは、そういうことなんだと思った。究極的に、今の部署に求められているわけじゃないってこと」

彼は理不尽さに憤り、何度も上に掛け合った末に折れ、「それならば」と自分で決着をつけたのだ。さよならの語源そのものじゃないか。

それからしばらくして会った彼は、友人と小さな会社をやりながら、知り合いの会社から委託される仕事に奔走していた。危惧していたほど忙しくはないが、プレッシャーや仕事の領域が増大したという。間接照明の橙色《だいだい》が照らすほの明るい喫茶店で彼は「俺の上半身の写真撮ってくれない？ Tinderのプロフィールに使うから」と私に最新のスマホを渡してきた。元気そうでよかった。

「Tinderと仕事に勤しむ彼が思い出させてくれたのは、周りの意見や情報より、なによりも強く自分を突き動かすのは、体をまるごと使ってつかみとった「自分だけの感覚」と、考え抜いた先にもれ出した「自分だけの言葉」ということ。

人は「これが正解だ」と思い込むことはできても、未来にワープしない限り、本当の正解を知ることはできない。他人の声でかたどられた「それっぽい正解」よりも確かなものは、「これじゃない」という見間違えようのない違和感。胃がきしんで、もう何も出なくなるまで吐き出した最後の一滴に、気づかなかった自分の本音と、まだ見ぬポテンシャルが含まれているのかもしれない。


多くの人が選ぶほう、イケて（そうに見え）る人が選ぶほうは、どうしても輝いて見える。彼ら、彼女らの「こっちの水は甘いぞ」「そっちの水は苦いぞ」という声は大きく聞こえて、うっかり思考を止めかけると、私たちは声のするほうに足を向けそうになる。

もちろん、大勢の声に従って生きるのも、人生をやっていく方法の一つだ。むしろ歓声と悲鳴が絶えず交互に流れ込んでくるので、どうせ何に従って何を選んでも、人間はそこにいずれ馴化《じゅんか》するだろう、という救いに近い諦念《ていねん》すら感じる。ただ、「なんだよ！　こっちの水も苦いじゃないか！」とほぞを噛んだときの唯一のなぐさめは、みんなの声ではなく、自分の声を聞いたという過去への自負にあるような気がしている。

だから私は、心と体の反応を一つひとつ取りこぼさずに生きていきたい。自分にとって信頼に足る自分で居続けたい。「それっぽい正解」に身を委ねたくなる日もあるけれど、一番近くて強くて確かな、私だけの「これじゃない感」を感受できるように。

おわりに

「取材」という形をとった対話の中ですら聞くのが憚《はばか》れるような数々の質問を受け止め、真摯に答えてくださった8人の女性がいなければ、この本をつくることはかないませんでした。

蘭さん、柚さん、葵さん、杏さん、翠さん、桜さん、藍さん、楓さん。8人の女性に深く感謝します。本当にありがとうございました。

かつて、自分の人生はある程度コントロールのきくもので、将来の理想像から逆算して設計図を描けば多少の不幸は避けられる、と思っていた。そうやって一つずつ「欲しかったもの」を手に入れていくことが幸福なのだ、と。20代後半になり、その甘い見立ては塗装がはがれるようにポロポロと崩れた。

どうやら人生は、四角四面に逆算をしても思いどおりにいかないらしい。

「今売れてます！」「人気ナンバーワン！」とシールをつけて並べられた商品のごとく、「これが幸せ！」と世間の高評価を得ている何か。そのステータスを手に入れても、満たされるとは限らないようだ。

それに気づいた頃、呼吸は浅くなり、周りの空気が薄くなった。

生きてきた時代も、住んだ場所も、くぐり抜けてきた逆境も、すべてがバラバラの女性たちとの対話は、いかに私がわかった気になっていたかをあらわにした。とめどなく続く語りが個人的なものであるほど、自分の心に巣くっている社会的なものが浮き彫りになっていく。社会的に、暗黙のうちに共有され、自分の中に刷り込まれた「幸せ」や「正解」。

価値観や感覚というものは、一体どこまでが「私個人のもの」であり、どこからが「社会や世間に思わされてきたもの」なのだろう。個人的なものと社会的なものは相互に作用し続けており、肩の関節が外れるほど腕を伸ばしても決して届かない己の谷底のほうに、社会的なものが蓄積してこびりついてしまっている気がして、空恐ろしささえ覚えた。

彼女たちの生き様は教えてくれた。

自分の感覚を手の中に取り戻し、噛みしだき、心の声に誠実に応え続けることの尊さを。それは人生の青写真を緻密に描く周到さや、崇高な目標を掲げる志の高さよりもはるかに重要で、実践が難しい。

幸か不幸かのジャッジと固執は、一見人生を豊かにする聡いものに見えながら、実は私たちの心の強度をじわじわと下げているのかもしれない。

とはいえ、心の声に誠実に応え続ける術を、私はまだ知らない。個性や自分らしさといった安易な言葉におさまらない自分本来の特質も、まだつかみ切れていない。

でも、わからないということがわかり、みんなも案外わかっていないということがわかった。わからないまま、なんとか手探りで行き着いた「ここ」を、肯定できるようになった女性たちがいることを知った。

それだけで、だいぶ息がしやすくなった気がする。ぐっと握り締めていた拳がゆるみ、白んでいた指の先に血が通い、喉を締めていた力が抜けてきた。

最後に、本書の編集や校正、デザイン、発行にかかわってくださったすべての方にお礼申し上げます。いつも激励して並走くださった編集の石井美奈子さんと岩淵美樹さん、前作に続きポップで趣深いイラストを描いてくださった深川優さん、装丁をデザインしてくださった岩永香穂さん、X（旧Twitter）のDMでの長々しいアンケートに回答してくださったみなさん。心から感謝いたします。

そして、この本を手に取ってくれたあなた。8人の女性の個人的な話、私の解釈と一人語りの中で、自分に重なり合うところ、なじまないところ、しみ込んでいくところ。何かしらの手触りを感じとってもらえたなら、とてもとてもうれしいです。またお会いしましょう。

ジェラシーくるみ

ジェラシーくるみ
しがない会社員コラムニスト。女性の生き方についてさまざまなWebメディアで連載中。著書に『恋愛の方程式って東大入試よりムズイ』『そろそろいい歳というけれど』（ともに主婦の友社）がある。X（旧Twitter）フォロワーは6.4万人。GISELe WEB、yoiで好評連載中。
X @graduate_RPG48
Instagram @jealousy_krm
note https://note.com/jealousy_krm

STAFF
装丁　岩永香穂（モアイ デザイン）
装画　深川 優
編集協力　岩淵美樹
校正　荒川照実、佐藤明美
本文デザイン・DTP　天満咲江（主婦の友社）
編集担当　石井美奈子（主婦の友社）

私《わたし》たちのままならない幸《しあわ》せ

2024年4月20日　第1刷発行

著　者／ジェラシーくるみ
発行者／平野健一
発行所／株式会社主婦の友社
〒141-0021
東京都品川区上大崎3-1-1　目黒セントラルスクエア
電話　03-5280-7537（内容・不良品等のお問い合わせ）
049-259-1236（販売）
印刷所／大日本印刷株式会社

　ISBN978-4-07-459320-0